솔리테어

: 고독한 당신을 위한 플레잉카드 게임 가이드

KB161243

솔리테어

고독한 당신을 위한 플레잉카드 게임 가이드

레이디 애들레이드 카도간 지음
이원희 옮김

필요
한책

■ 본서의 번역 저본은 Lady Adelaide Cadogan의 『Lady Cadogan's Illustrated Games of Solitaire』(1914, David McKay Company)입니다.

■ [플레이 예시]는 독자의 이해를 돕기 위해 본서에서 새로 제작한 부분입니다.

■ 이 책에서 사용된 글꼴은 국립박물관문화재단클래식, 제주명조, 코트라 도약체, 평창평화체, KoPubWorld바탕체, KoPubWorld돋움체, KBIZ한마음명조, Lucida Handwriting입니다.

인내심을 갖지 못한 이들은 이 얼마나 가여운가.

-윌리엄 셰익스피어 『오셀로』

목차

*가나다순. 게임 제목 옆 괄호 안 숫자는 해당 게임에서 필요한 플레잉카드 덱의 수임.

01 솔리테어
플레잉카드 게임 용어

솔리테어 플레잉카드 게임에는 자체적으로 쓰는 용어들이 있습니다. 되도록 우리말로 순화하고자 하되, 원어 자체의 고유성이 플레이 이해를 돕는다고 생각되는 단어들은 그대로 썼습니다. 용어 순서는 가나다 순입니다.

결합Marriage_카드의 값에 따라 오름차순이나 내림차순으로 카드를 놓는 행위 자체를 말합니다.

궁정카드Court Cards_그림이 있는 잭, 퀸, 킹 카드.

딜Deal_게임을 시작하기 위해 카드를 나눠 놓는 행위를 말합니다.

레인Lane_배치된 카드들에서 발생한 빈칸으로 된 줄을 일컫는 말로, 카드 한 줄이 모두 제거되어 형성된 공간입니다.

리딜Re-deals_첫 게임을 했는데 성공하지 못했을 때 이어서 게임을 하기 위해 사용 가능한 카드들을 다시 딜 하는 것을 이르는 말입니다. 게임 규칙에 따라 이것이 가능한 게임이 있고 불가능해서 한 번의 딜로 끝나는 게임이 있습니다.

마이너 카드Minor Cards_궁정카드를 제외한 1~10의 숫자 카드들.

무늬Suit_플레잉카드의 네 가지 모양. 스페이드♠, 하트♡, 다이아몬드◇, 클럽♣.

사용 가능한 카드Available Cards_다른 카드에 의해 차단되지 않은 카드, 즉 각 게임 규칙에 의해 사용이 가능한 카드를 말합니다.

시퀀스Sequence_카드를 순서대로 연속하여 놓은 줄을 말합니다. 게임들 각각의 규칙에 따라 시퀀스는 에이스에서 킹, 킹에서 에이스 식으로 오름차순이나 내림차순으로 놓입니다. 그리고 반드시 같은 무늬로 만들어질 수도 있고 같은 무늬가 아니어도 가능할 때도 있습니다. 이는 게임 규칙에 따라 다릅니다.

적합한 카드Suitable Cards_카드의 숫자·기호와 무늬, 색이 파운데이션이나 시퀀스로 놓는 게 가능한 카드.

파운데이션Foundation_솔리테어 플레잉카드 게임의 핵심으로, 이곳에 카드들을 규칙대로 쌓아서 완성시키는 것이 대부분의 게임의 목적입니다.

파운데이션 카드Foundation Cards_파운데이션에 맨 처음에 놓이는 카드입니다. 일반적으로 에이스와 킹이 해당되지만 게임에 따라 다른 경우들도 있습니다.

패킷Packet_여러 장의 카드를 묶은 하나로 묶은 카드 다발을 이르는 단어로 '묶음', '패' 등으로 번역하였습니다.

팩Pack_게임에 쓸 아직 딜을 하지 않은 카드 뭉치를 이르는 말입니다. 이는 주로 영국에서 쓰이는 표현이며 이 책에서는 현재 우리나라에서 일반적으로 쓰이는 덱Deck으로 통일하였습니다. 이 책에 수록된 모든 솔리테어 게임들에서의 덱은 조커 카드를 제외한 상태입니다.

타블로Tableau_카드들이 배치된 상황을 일컬으며 '배치', '그림', '레이아웃Layout' 등으로 번역하였습니다.

탈론Talon_카드를 딜 했을 때 바로 사용하기에는 적합하지 않은 카드여서 따로 빼서 옆에 만드는 버리는 카드들의 덱입니다. 대개 앞면을 위로 하여 쌓습니다.

해제된 카드Released Cards_차단하던 카드가 제거되어 사용할 수 있게 된 카드.

02 솔리테어
플레잉카드 게임들

♠ 국가Nation

♡ 필요한 카드: 두 벌

◇ **규칙**

I. 파운데이션은 같은 무늬로 만들어야 한다.

II. 각 열의 카드를 딜 하면서 여덟 장을 놓으면서, 그 카드들 중 파운데이션으로 옮겨 놓이는 카드는 놓여야 하는 여덟 장 안에 속하는 카드로 취급되며, 다음 카드는 그에 이어지는 카드로 취급된다.

III. 각 열의 가장 낮은 자리에 있는 카드만 사용할 수 있다. 그 카드가 사용되어 제거되면 그 위 자리의 카드가 해제되어 사용할 수 있다. 아래 자리에 다른 카드가 있는 카드는 사용할 수 없다.

♣ **플레이**

덱에서 서로 다른 무늬의 네 장의 에이스와 네 장의 킹들을 빼서 두 개의 가로줄로 배치합니다. 이것들이 파운데이션 카드이며, 에이스는 킹까지 오름차순으로 쌓고, 킹은 에이스까지 내림차순으로 쌓습니다(규칙 I). 파운데이션 카드 아래에는 왼쪽부터 시작하여 여덟 장의 카드를 수직선으로 딜 하고, 그로부터 오른쪽으로 각각 여덟 장의 카드로 구성된 열한 줄의 열을 더 딜 하게 됩니다.

이렇게 하면 그림에서 볼 수 있는 것처럼 동일한 수의 카드 열이 열두 줄이 되는데, 이 카드들을 놓는 과정에서 **다음 조건들을 따라야 합니다.** 처음 여덟 장의 카드를 딜 할 때 첫 카드에서 여덟 번째 카드까지 딜 하는 대로 세면서, 그중 파운데이션에 적합한 카드가 나오면 파운데이션에 갖다 놓고 다음 카드를 **이어지는 숫자로** 카운트합니다. 예를 들어, 네 번째 카드가 다이아 2라서 파운데이션에 적합하다면 그 카드를 파운데이션에 놓고 다음 카드를 다섯 번째 카드로 카운트하고, 일곱 번째 카드가 파운데이션에 적합하다면 파운데이션에 놓고 다음 카드를 여덟 번째 카드로 카운트하는데, 이렇게 하면 실제로 열에는 여섯 장의 카드만 놓이게 될 것입니다(규칙 II). 그러나 딜을 하는 동안 파운데이션에 적합한 카드가 나타나는 대로 파운데이션에 두되, 적합한 카드라도 한 번 딜 한 카드는 없앨 수 없습니다. 열두 개의 열을 놓으면서 모두 이와 동일한 규칙을 준수해야 합니다. 배치가 완료되면 각 열의 맨 밑에 있는 카드를 사용할 수 있고(규칙 III), 여기서 적합한 카드일 경우 파운데이션에 둘 수 있으며, 각 열의 맨 밑에 있는 카드들끼리는 서로 오름차순 및 내림차순 시퀀스로 결합도 할 수 있습니다.

하나의 열 전체가 제거되면 빈칸은 사용 가능한 카드 중 하나(규칙 III)로 채워질 수 있으며, 이 새로운 열 또한 다른 열과 마찬가지로 카드를 일련의 시퀀스로 배치할 수 있습니다.

사용 가능한 모든 카드를 사용하거나 결합한 경우, 왼쪽 열부터 시작하여 각 열의 카드가 놓인 순서를 조심스럽게 유지하면서 두 번째 열은 첫 번째 열 아래, 세 번째 열은 두 번째 열 아래에 배치되는 식으로 배치된 카드들을 정리합니다. 따라서 이렇게 만들어진 덱을 리딜 하면 맨 오른쪽 마지막 열이 가장 위쪽에 있게 되며 새로운 열들 중 첫 번째 열이 됩니다.

이 리딜은 두 번 할 수 있습니다.

[플레이 예시: 딜 할 때]

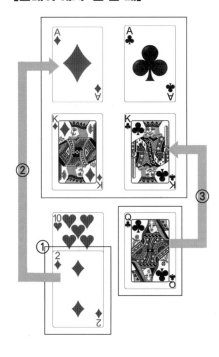

① 카드를 딜 하면서, 파운데이션에 적합한 카드가 나오는지 확인한다.

② 파운데이션에 적합한 카드인 다이아몬드 2를 파운데이션의 다이아 에이스 위로 옮겨서 쌓고, 놓아야 할 전체 여덟 장의 카드들 중 두 번째 카드로 취급한다.

③ 딜을 하는 중 파운데이션에 필요한 클럽 퀸이 나왔으므로 파운데이션의 클럽 킹 위에 쌓는다.

[플레이 예시: 딜 이후]

① 열의 맨 밑 하트 6은 다른 열의 하트 5와 오름차순 결합에 적합하므로 결합한다.

② 해제된 다이아 퀸을 다이아 킹 파운데이션에 쌓는다.

③ 하트 10이 사용 가능하도록 해제됐으므로 하트 9를 하트 10으로 옮겨서 내림차순으로 결합시킨다.

④ 클럽 2가 해제됐으므로 파운데이션의 클럽 에이스 위에 쌓는다.

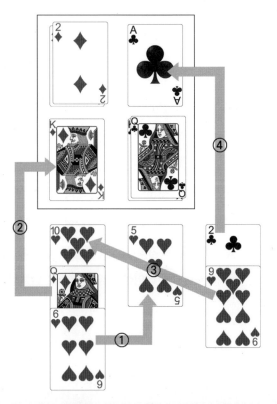

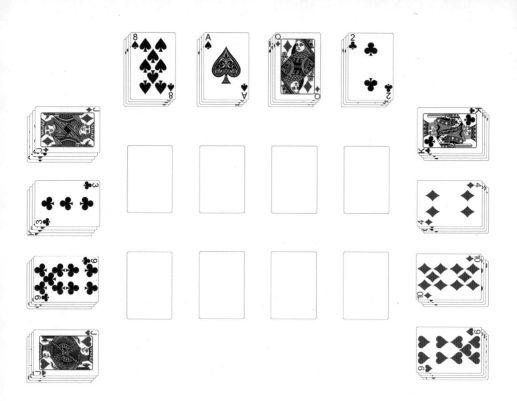

♠ 나폴레옹의 방진方陣 *Napoleon's Square*

♡ 필요한 카드: 두 벌

◇ 규칙

I. 방진에 있는 패의 맨 위에 있는 카드만 사용할 수 있으며, 그 카드를 제거하여 아래쪽 카드가 해제될 때까지 그렇게 해야 하지만, 그렇게 되기 전에 방진 전체에 어떤 카드가 있는지는 미리 볼 수 있다.

II. 방진의 패 하나를 모두 제거하여 빈칸이 생기면 그 칸을 탈론이나 덱으로부터 카드 한 장을 놓아서 채울 수 있지만, 반드시 그렇게 해야 할 필요는 없으며 유리한 기회가 생길 때까지 기다리는 것도 가능하다.

III. 모든 파운데이션은 같은 무늬로 만들어져야 한다.

♣ 플레이

각각 네 장의 카드로 구성된 열두 패로 방진의 3면을 구성하게끔 딜하고, 중앙에 여덟 장의 에이스가 놓일 공간을 남겨둡니다. 에이스 카드들이 파운데이션 카드이며, 오름차순으로 킹까지 올라갑니다.

방진 카드 맨 위에 에이스가 나오면 다른 적합한 카드와 함께 파운데이션 카드 위치에 놓습니다.

다음으로 규칙 I에 따라 방진의 카드들끼리 내림차순으로 결합을 맺습니다. 이때 다른 게임에서와 마찬가지로, 아래 카드가 같은 무늬의 상위 카드에 의해 막히지 않도록 신중하게 판단해야 합니다. 만약 두 패에서 이런 일이 발생한다면, 즉, 예를 들어 두 패에서 다이아몬드 무늬의 낮은 카드가 막힌다면 게임은 성공할 수 없게 될 것입니다.

참고_ 딜을 하여 방진을 만들었을 때 어떤 무늬의 킹 두 장이 같은 무늬의 숫자가 작은 카드 두 장을 막고 있는 것이 발견되면, 전체 카드를 걷어서 다시 딜을 하거나 킹 한 장을 해당하는 패의 맨 밑으로 밀어 넣어야 합니다.

이제 나머지 카드들, 즉 파운데이션에 적합하지 않거나 방진의 시퀀스에 적합하지 않은 카드들을 차례로 탈론에 넣습니다.

리딜은 하지 않으며 한 번의 게임으로 끝납니다.

이 게임은 다음과 같이 플레이 할 수도 있습니다.

각 한 장씩 열두 패로 구성된 방진을 만든 다음, 덱의 나머지는 평소처럼 파운데이션에 놓거나 파운데이션으로 옮기기 위해 방진 카드와 결합(내림차순)하고, 나머지는 탈론에 놓고, 빈칸을 채웁니다.

[플레이 예시]

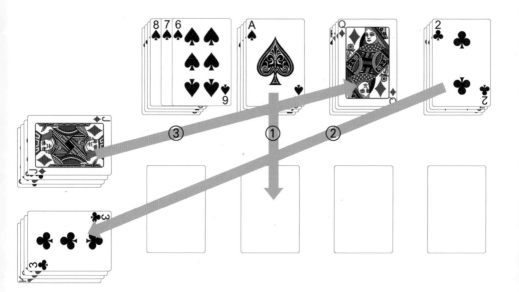

① 스페이드 에이스는 파운데이션 카드이므로 파운데이션에 놓는다.

② 클럽 2는 클럽 3과 내림차순으로 결합할 수 있으며, 결합하면 클럽 2 밑의 카드가 해제되어 사용할 수 있다.

③ 다이아 잭은 다이아 퀸과 내림차순으로 결합할 수 있으므로 결합하면 다이아 잭 밑의 카드가 해제되어 사용할 수 있다.

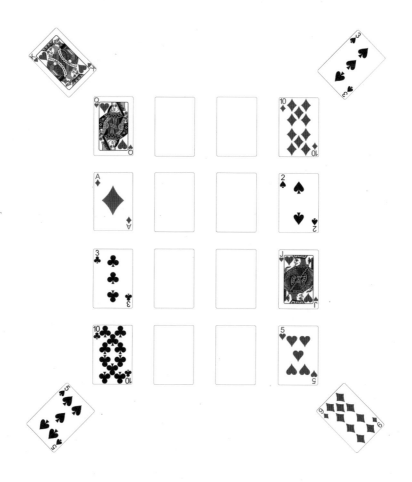

♠ 네 개의 코너 *The Four Corners*

♡ 필요한 카드: 두 벌

◇ 규칙

I. 카드를 딜 하는 게 완료되면 각 패의 맨 위 카드를 사용할 수 있으며, **어떤 파운데이션 위에든** 놓을 수 있고, 그 아래 카드는 그 위에 덮여 있던 카드가 제거되면 해제되어 사용할 수 있다.

II. 각 파운데이션은 같은 무늬로 만들어져야 한다.

♣ 플레이

그림에서와 같이 왼쪽부터 열두 장의 카드를 배치합니다. 맨 위에 코너Corner 카드, 네 장의 사이드Side 카드, 마지막으로 맨 아래에 코너 카드를 배치하고 오른쪽에도 맨 위 코너 카드부터 시작하여 같은 과정을 반복하며, 가운데에는 파운데이션 카드 여덟 장을 놓을 공간을 남겨둡니다. 파운데이션은 에이스 네 장과 킹 네 장으로 시작되며, 에이스는 오름차순으로 킹까지 올라가고 킹은 내림차순으로 에이스까지 내려갑니다.

첫 라운드에 열두 장의 카드를 딜 한 후, 계속해서 전체 덱을 첫 라운드에 놓인 카드들을 덮으며 딜 하되, 각 라운드들에서 딜을 할 때 다음 방법을 엄격하게 준수해야 합니다.

여덟 장의 파운데이션 카드는 딜에서 나오는 대로(코너 카드로 나오든 사이드 카드로 나오든) 그들을 위해 준비된 자리에 즉시 놓습니다. 그런데 적합한 카드가 나오는 위치에 따라 놓이는 파운데이션 위치가 다릅니다. 우선 **네 곳의 코너 카드로 나온** 적합한 카드는 모든 파운데이션에 사용할 수 있습니다. 그러나 사이드 카드로 파운데이션에 적합한 카드가 나왔을 때는, **그 카드가 놓일 수 있는 파운데이션이 카드가 나온 사이드 카드 패와 바로 인접한 파운데이션**이 아니면 사용할 수 없습니다.

참고_딜을 하는 중에 파운데이션에 적합한 카드가 나와서 파운데이션 중 하나에 놓을 때마다, 덱의 다음 카드가 파운데이션에 놓인 카드 대신 그 카드가 놓였어야 할 자리에 놓입니다.

[플레이 예시: 딜]

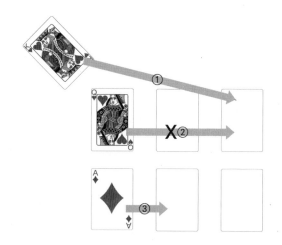

① 코너 패에 나온 파운데이션 카드는 어떤 파운데이션에든 배치할 수 있다.

② 사이드 패에 나온 파운데이션에 적합한 카드는 바로 인접한 파운데이션에 만 놓을 수 있으므로 하트 퀸은 하트 킹이 배치된 파운데이션에 놓을 수 없다.

③ 사이드 패에서 나온 다이아 에이스는 인접한 파운데이션이 비어 있으므로 배치할 수 있다.

전체 딜이 완료되면 위에 설명한 제한이 끝납니다. 규칙 Ⅰ에 따라 적합한 모든 카드를 사용할 수 있으며, 오름차순과 내림차순으로 열두 패의 맨 위 카드들끼리 결합할 수 있습니다. 그러나 결합을 할 때는 한 장의 카드를 놓음으로써 그와 동등하게 필요한 가치를 가진 다른 카드를 차단하지 않게 세심한 주의를 기울여야 합니다. 각 패를 주의 깊게 살펴보고, 가장 많은 수의 적합한 카드를 방출할 수 있는 결합만 해야 합니다.

[플레이 예시: 딜이 끝난 후]

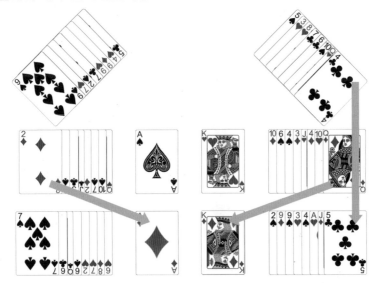

딜이 끝나고 전체 카드가 배치된 후에는 패들의 위치에 무관하게 자유롭게 오름차순과 내림차순으로 결합하여 파운데이션에 적합한 카드를 만든다.

참고_ 필요한 경우, 시퀀스를 반전시킬 수 있습니다. 예를 들어 패 중 하나가 2에서 시작하여 8(물론 이것이 사용 가능한 맨 위에 있는 카드임)까지 이어지는 시퀀스를 갖고 있고 다른 패 중 하나가 맨 위에 그와 같은 무늬의 9가 있다면, 8을 9 위에 놓고 8 아래 나머지 시퀀스는 2가 맨 위(또는 사용 가능한) 카드가 될 때까지 이어서 배치할 수 있습니다.

가능한 모든 조합이 이루어지고 더 이상의 진행이 불가능할 경우, 열두 패를 왼쪽부터 순서대로 가져와 다시 딜 한 후 이전과 똑같이 플레이합니다. 필요한 경우 이러한 리딜을 두 번 할 수 있습니다.

♠ 네스토르 *Nestor*

(결혼Matrimony)

♡ 필요한 카드: 한 벌

♣ 플레이

여덟 장의 카드로 가로줄을 만들고, 같은 숫자로 아래로 여섯 줄을 놓습니다. 카드를 놓을 때, 같은 값의 카드 두 장이 같은 **수직선**에 놓여서는 안 된다는 규칙을 지켜야 합니다.

예를 들어, 두 장의 킹 또는 두 장의 5(물론 이 외의 모든 카드에 동일하게 적용됨)가 같은 수직선에 놓여 있다면, 그 사이에 다른 값의 카드들이 여러 장 끼어 있더라도 게임을 진행할 수 없습니다. 따라서 카드를 놓으면서 이렇게 중복된 카드가 나오면 사용할 수 없는 것으로 간주하여 빼서 손에 든 덱의 맨 아래에 넣습니다. 그리고 대신 덱에서 그 다음에 놓일 카드를 그 빠진 자리에 놓아야 합니다.

배치가 완성되면 네 장의 카드가 남게 되며, 이 카드들은 예비로 따로 보관해야 합니다. 그런 다음, 배치를 살펴보고 가장 아랫줄에 있는 카드들만으로 같은 값의 카드들끼리 짝을 지어 제거합니다. 짝지어진 카드들이 제거되면 그 위의 카드가 해제되어 사용할 수 있게 됩니다. 더 이상 짝지을 수 있는 카드가 없으면 예비 카드 한 장을 꺼내 그와 맞춰서 짝을 짓습니다.

만약 게임을 시작한 첫 번째 줄에서 카드를 짝지을 수 없으면 따로 치우고 그 윗 줄 카드로 플레이 하는데, 그렇게 치워둔 카드들은 예비 카드가 되어 나중에 짝지을 기회가 생기면 사용할 수 있습니다. 모든 카드가 짝을 이루지 못하면 게임에 실패한 것입니다.

♠ 대지臺地 *The Terrace*

(이탈리아 여왕Queen of Italy)

♡ 필요한 카드: 두 벌

◇ 규칙

I. 대지는 마지막 카드(즉, 맨 오른쪽 카드)만 사용 가능하다. 그 카드가 제거되면 옆에 있는 카드를 사용할 수 있다.

II. 파운데이션은 오름차순으로 쌓으며 붉은색과 검은색 카드를 번갈아 가며 쌓아야 한다.

III. 계곡 카드는 한 패에서 다른 패로 내림차순으로 옮겨 놓을 수 있으며, 탈론의 맨 위 카드도 계곡에 내림차순으로 놓을 수 있다. 파운데이션과 마찬가지로 이러한 계곡의 카드 배치는 반드시 다른 색으로 번갈아 가며 이뤄져야 한다.

IV. 계곡 패의 맨 위 카드만 사용 가능하다. 해당 카드를 제거하면 아래쪽 카드가 해제되어 사용할 수 있다.

27

♣ 플레이

왼쪽에서 오른쪽으로 열세 장의 카드를 한 줄로 딜 합니다. 이것을 **대지臺地**라고 합니다.

다음으로 손에 든 카드 덱에서 세 장의 카드를 뽑아, 세 장 중 한 장을 파운데이션 카드로 선택합니다. 이 파운데이션 카드를 대지의 왼쪽 아래에 놓습니다. 게임이 진행되면서 같은 숫자의 다른 카드 일곱 장이 첫 번째 파운데이션 카드와 일렬로 그 자리에 놓입니다(그림 참조).

다음으로 나머지 두 장의 카드를 파운데이션 아래에 놓고 추가로 일곱 장의 카드를 나란히 놓으면서 카드 아홉 장으로 된 세 번째 가로줄을 만듭니다. 이것을 **계곡Valley**이라고 합니다.

계곡에서 파운데이션 카드를 찾아서 파운데이션에 놓은 후에 다른 적합한 카드를 플레이 하는 식으로 게임이 이뤄집니다(규칙 II). 그러나 항상 대지 카드가 우선적으로 플레이되어야 하기 때문에 대지를 먼저 검토해야 합니다(규칙 I).

모든 적합한 카드를 플레이 한 후에는 손에 든 덱의 카드로 계곡의 빈 칸을 다시 채우는 식으로 계곡에 순차적으로 카드를 배치합니다(규칙 III 및 IV). 물론 파운데이션에 우선적으로 카드를 둬야 하지만, 게임의 성공은 전적으로 대지 카드를 빼는 것에 달려 있기 때문에 항상 대지를 검토해야 한다는 것을 기억하십시오. 만약 계곡에서 플레이 할 수 있는 적합한 카드가 있고 현재 대지에서 사용할 수 있는 카드는 없지만, 대지에서 전자와 동등하게 적합한 카드가 곧 나올 것 같다면, 계곡에 카드를 두는 플레이는 자제하는 게 더 나을 것입니다. 파운데이션 카드 선택과 관련

해서는 항상 대지에 사용 가능한 카드가 있는지 검토하고 가능하다면 거기에 있는 카드를 선택해야 합니다.

다음으로 전체 덱을 딜 하고, 파운데이션을 만들고(규칙 II), 계곡에 카드를 배치 및 전송하고(규칙 III 및 IV), 빈칸을 채우는 등으로 진행합니다.

리딜은 하지 않으며 한 번의 딜로 끝납니다.

[플레이 예시]

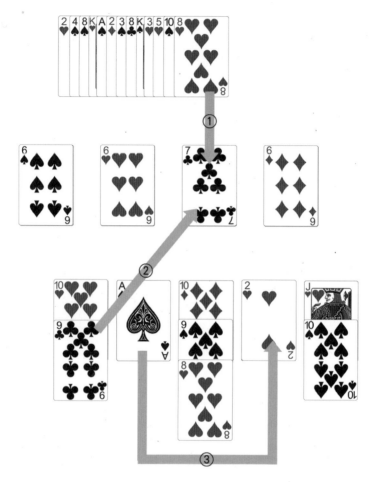

① 우선 대지 패에서 파운데이션에 적합한 카드(교차되는 다른 색의 오름차순 카드)를 찾아 파운데이션에 배치한다. 대지 패는 계곡 패에 놓을 수 없다.

② 계곡 패에서 파운데이션에 적합한 카드를 찾아 파운데이션에 배치한다.

③ 계곡 패들에서 교차되는 다른 색의 내림차순 카드를 찾아 서로 결합하고 빈칸은 덱의 카드로 채운다.

♠ 두 개의 링 *Two Rings*

♡ 필요한 카드: 두 벌

◇ 규칙

파운데이션은 같은 무늬로 만든다.

♣ 플레이

7과 6을 모두 빼서, 그것들을 모두 그림처럼 배열하세요. 이것들이 파운데이션입니다. 7은 킹까지 오름차순으로, 6은 에이스까지 내림차순으로 쌓습니다(규칙 참고).

그 다음으로 가로줄로 여덟 장의 카드를 딜 합니다. 이것을 **팔찌** Bracelet라고 합니다. 팔찌에서 파운데이션에 적당한 카드를 모두 찾아 파운데이션에 놓고 팔찌의 빈 곳은 덱에서 채우고 부적합한 카드는 탈론에 놓습니다.

게임이 성공하면 킹과 에이스로 각각 반지 2개Zwei Ringe가 만들어집니다.

탈론으로 한 번 리딜 할 수 있습니다.

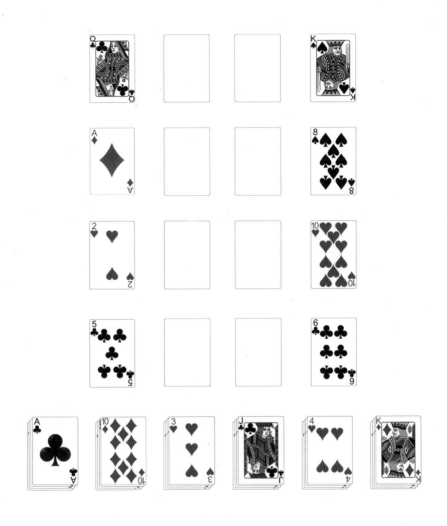

♠ 라 니베르네즈 La Nivernaise

♡ 필요한 카드: 두 벌

◇ 규칙

I. 라인은 여섯 패로 구성되며, 각 패의 맨 위에 있는 카드만 사용할 수 있으며, 그걸 제거해서 그 아래에 있는 카드가 해제될 때까지 **맨 위에 있는 카드가 사용 가능한 카드**다.

II. 라인을 이루는 각 패에 있는 카드들은 플랭크Flank에 발생한 빈칸 수만큼 검토할 수 있다.

III. 모든 파운데이션은 같은 무늬로 만들어져야 한다.

IV. 리딜을 할 때는 라인 패들을 왼쪽부터 차례로 섞은 다음, 그렇게 만든 덱을 전과 같이 뒤집어 리딜 한다.

♣ 플레이

플랭크Flank라고 부르는 네 장의 카드를 수직으로 두 줄로 배치하고, 그 사이에 서로 다른 무늬의 에이스 네 장과 킹 네 장을 놓을 공간을 남겨둡니다. 이 카드들을 둘 수 있는 순간이 오면, 킹 카드 자리는 에이스까지 내림차순으로 카드가 쌓이고, 에이스 카드 자리는 킹까지 오름차순으로 쌓으면서 파운데이션이 됩니다.

다음으로 왼쪽에서 오른쪽으로 카드 네 장씩 여섯 패로 딜 하여 가로 줄로 놓습니다. 이 패들을 **라인**Line이라고 하며, 연속적으로 추가됩니다.

파운데이션 카드가 플랭크나 라인의 맨 위에 나오면, 그 카드를 파운데이션에 놓습니다. 규칙 I에 따라 적합한 카드들을 플레이 하되, 플랭크에 있는 카드를 우선적으로 파운데이션에 놓아 빈칸을 만드는 것이 가장 중요합니다.

참고_이 빈칸은 성공을 위해선 매우 중요하기 때문에, 첫 번째 라인의 카드를 딜 한 후 빈칸이 하나도 없다면 게임을 계속할 이유가 거의 없습니다.

빈칸은 덱이나 라인에서 카드를 가져와 채울 수 있지만, 모든 빈칸을 채우는 것은 결코 현명하지 않으며 최소한 한 자리는 남겨 두어야 합니다.

라인 카드는 한 장씩 채울 수는 없지만, 패 하나를 모두 사용한 경우 즉시 그 자리에 네 장의 카드를 더 놓아야 하며, 이 규칙은 각 라운드에 걸쳐 적용됩니다.

지금까지 설명한 자원이 모두 소진되면, 2라운드로서 앞서와 같이 각 라인 패들이 네 장의 카드로 구성되게끔 덱에서 채워 줍니다. 이런 식으로 모든 카드를 다 딜 할 때까지 계속 진행하되, 각 라운드 사이에 잠시 멈춰 라인(규칙 II)과 플랭크를 살펴본 후 사용 가능한 카드를 모두 활용합니다.

카드 덱을 모두 딜 하고 더 이상 진행하지 못할 경우, 규칙 IV에 명시된 대로 라인 패들을 섞은 후에 리딜 하면서 앞서와 같이 플레이 합니다.

리딜은 한 번만 가능합니다.

파운데이션에서는, 한 번에 한 장씩 오름차순에 있는 카드를 내림차순에 있는 카드로 교환할 수 있으며, **그 반대도 가능합니다.**

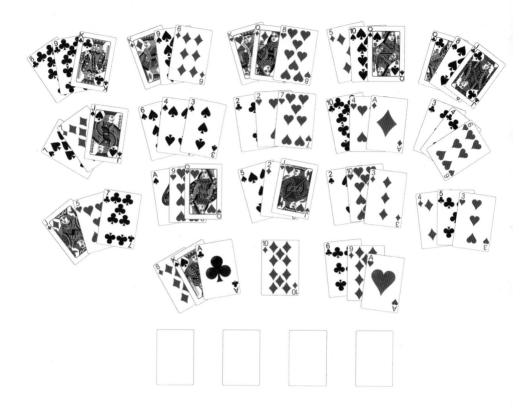

♠ 라 벨 루시 *La Belle Lucie*

(더 팬The Fan·클로버 리프Clover Leaf·미드나이트 오일Midnight Oil·

알렉산더 대왕Alexander The Great)

♡ 필요한 카드: 한 벌

◇ 규칙

I. 각 패들의 맨 위에 있는 카드만 사용할 수 있으며, 그 카드를 제거하면 아래에 있는 카드가 해제되어 사용할 수 있게 된다.

II. 파운데이션은 같은 무늬로 만들어져야 한다.

♣ 플레이

전체 덱을 세 장씩으로 만들어진 패로 딜하여 그림과 같이 배치합니다. 그러면 마지막으로 카드가 한 장만 남게 됩니다.

네 장의 에이스가 파운데이션 카드가 되며, 그 위에 오름차순으로 카드를 놓아서 킹까지 쌓으면 성공입니다.

배치를 끝낸 후, 각 패들의 맨 위에 에이스가 있으면 빼서 파운데이션 카드 자리에 놓고, 그 위에 규칙 I을 따라서 해당되는 카드를 찾아 놓습니다.

파운데이션에 놓을 카드가 바닥나면, 각 패들의 맨 위 카드에 내림차순으로 결합하는 같은 무늬의 카드들을 찾아서 놓음으로써, 덮여 있던 카드를 해제시켜 파운데이션에 쌓을 카드를 찾습니다. 한 카드를 놓을 때 성공하기 위해 더 필요한 다른 카드가 막히지 않도록 세심한 주의가 필요합니다. 따라서 카드가 배치된 상태를 주의 깊게 검토하여 가장 많은 수의 적합한 카드가 해제될 수 있도록 조합을 정렬해야 합니다.

위 작업이 완료되고 더 이상 활용할 카드가 없으면 배치된 패들(파운데이션 제외)을 섞어 리딜을 한 다음(두 번까지 가능) 앞서 설명한 내용처럼 다시 플레이 할 수 있습니다.

이 게임은 또한 두 벌로도 플레이 할 수 있으며, 그러면 여덟 장의 에이스가 파운데이션 카드가 되고, 배치에서는 두 배의 패가 딜됩니다. 이 경우의 게임은 '숲 속의 집The House In The Wood'이라고 불립니다.

두 벌로 플레이하는 또 다른 방법도 있습니다. 파운데이션 카드는 에

이스 네 장과 서로 다른 무늬의 킹 네 장이며 각각 오름차순과 내림차순
으로 결합하는 것입니다. 이 게임의 이름은 '언덕 위의 집The House
On The Hill'입니다.

[플레이 예시]

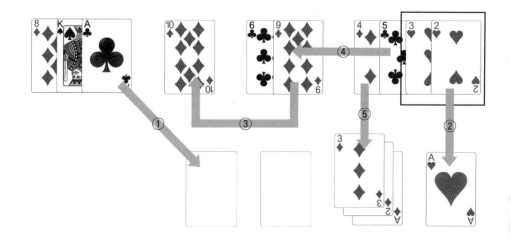

① 배치된 카드들 중에 있는 클럽 에이스는 파운데이션 카드이므로 파운데이
션으로 옮긴다.

② 하트 2와 3을 파운데이션에 있는 하트 에이스 위에 오름차순으로 쌓는다.

③ 다이아 9를 다이아 10 위에 내림차순으로 쌓는다.

④ 해제되어 사용 가능하게 된 클럽 5를 클럽 6 위에 내림차순으로 쌓는다.

⑤ 해제된 다이아 4를 파운데이션에 있는 다이아 3 위에 오름차순으로 쌓는
다.

⑥ 이렇게 하여 파운데이션에 각 무늬의 카드를 킹까지 쌓으면 성공.

♠ 마가레테*MargareThe*

♡ 필요한 카드: 한 벌

◇ 규칙

I. 파운데이션은 같은 무늬로 만들어진다.

II. 킹의 파운데이션은 10에서 8로, 잭의 파운데이션은 7에서 5로, 퀸의 파운데이션은 4에서 2로 내림차순으로 쌓는다.

♣ 플레이

모든 궁정카드Court Cards(잭, 퀸, 킹)를 덱에서 꺼내어 그림과 같이 M 형태로 배치합니다. 이 열두 장의 카드가 파운데이션입니다. 그리고 딜을 하면서 나오는 모든 에이스는 M 안 잭 카드 부분 아래에 하나의 패로 모아 가로로 놓게 됩니다.

다음으로 아홉 장의 카드를 뽑아서 A 형태로 배치합니다(그림 참조) 이것들은 도움 카드이며, 여기서 파운데이션에 적합한 카드를 선택하여 플레이 합니다. 우선 킹 위에는 10, 잭 위에는 7, 그리고 퀸 위에는 4(규칙 I, II)를 놓으며, 빈칸이 나면 손에 있는 덱으로 채웁니다. 다음으로 전체 덱을 딜 하며 파운데이션 카드를 파운데이션에 놓고, M의 에이스 카드 자리로 할당된 공간에 에이스 카드를 배치하고, A에 난 빈칸을 채우고, 플레이에 적합하지 않은 카드로 탈론을 만듭니다.

게임이 성공하면 최종 배치는 8, 5, 2로 구성된 M을 형성하며, 네 장의 에이스가 중앙에 가로로 배치됩니다.

탈론은 한 번 리딜 하여 사용할 수 있습니다.

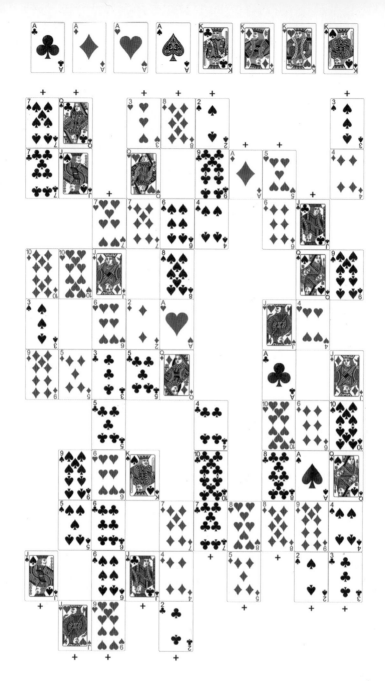

♠ 미로 *The Labyrinth*

♡ 필요한 카드: 두 벌

◇ 규칙

I. 파운데이션은 같은 무늬로 만들어져야 한다.

II. 맨 위나 아래 카드를 제거하여 다른 카드가 해제될 때까지 맨 위나 아래 카드만 사용할 수 있으며, 위나 아래 어느 한 쪽도 비어 있지 않은 카드는 사용할 수 없다. 그림에서 사용 가능한 카드를 작은 십자가로 표기했으므로 참고하라.

III. 카드를 놓을 때 맨 아래쪽 줄(즉, 지금 딜 하고 있는 줄)에 발생한 빈칸만 다시 채울 수 있다.

IV. 각 줄이 완료되어야만 그 줄의 카드를 플레이 할 수 있다.

♣ 플레이

덱에서 각각 다른 무늬의 킹 네 장과 에이스 네 장을 빼서 수평선으로 놓습니다. 이것이 파운데이션 카드이며, 에이스는 킹까지 오름차순으로 쌓고 킹은 에이스까지 내림차순으로 쌓습니다(규칙 I).

다음으로 열 장의 카드를 가로로 한 줄로 놓고, 한 줄이 완성됐을 때 거기서 파운데이션에 적합한 카드가 있으면 파운데이션에 놓습니다. 발생한 빈칸은 덱이나 탈론으로 채웁니다.

첫 번째 줄에서의 플레이가 끝나면 그 아래에 열 장의 카드를 두 번째 줄로 놓습니다. 그리고 전과 마찬가지로 적합한 카드를 노출된 맨 위쪽 줄부터 검토하여 내면서 규칙 III에 따라 빈칸을 채웁니다. 단, 이때 발생하는 빈칸은 카드를 딜 하는 중인 마지막 줄에서의 빈칸만 다시 채울 수 있으므로, 게임을 계속 진행하면 중간중간 빈칸이 많이 생길 수 있습니다(그림 참조).

이렇게 계속해서 전체 덱을 계속해서 내는데, 각 행은 그를 차단하는 밑의 카드를 제거해도 그에 앞선 위쪽에 있는 카드가 해제되지 않는 한, 즉 **하위 행의 카드가 사라졌다고 해도 상위 행에 있는 카드도 사라지지 않는 한**(규칙 II) 차단된 상태를 유지합니다.

덱이 모두 소진되고 사용 가능한 카드를 모두 사용한 후에도 게임이 성공하지 못했을 경우, 한 번 더 기회가 주어집니다. 즉 배치된 카드들에서 카드 한 장을 제거할 수 있는 특권이 주어지는데, 물론 이때 가장 필요한 카드를 제거할 수 있도록 주의해야 합니다. 이 **은혜**의 선택에 성공하는 것은 전적으로 플레이어의 실력에 달려 있습니다.

리딜은 하지 않으며 한 번의 게임으로 끝납니다.

참고 1_덱에서 바로 파운데이션 카드를 빼서 놓지 않고 카드를 딜 할 때 파운데이션 카드가 나올 때까지 기다려서 놓는 응용 게임 방법도 있습니다.

참고 2_이 게임은 한 벌로도 가능하며 이때 파운데이션은 에이스 네 장으로 하고, 딜 할 때의 줄은 열 장에서 여덟 장으로 줄여서 플레이 합니다(편집자 추가).

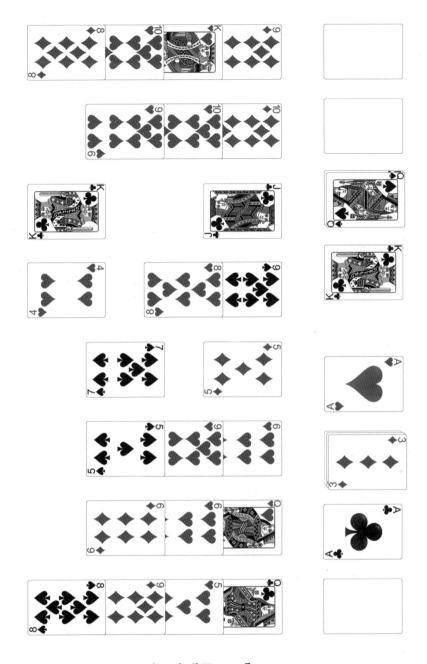

♠ 바베트 Babette

♡ 필요한 카드: 두 벌

◇ **규칙**

I. 파운데이션은 같은 무늬로 만들어진다.

II. 정원의 빈칸은 **다시 채울 수 없다.**

III. 정원에 있는 카드의 각 행은 앞선 위쪽 카드를 차단하지만, 아래쪽 줄의 차단하는 카드를 제거하면 그 위쪽 카드가 해제되어 사용할 수 있게 된다.

♣ **플레이**

여덟 장의 카드를 가로로 일렬로 놓습니다. 이렇게 **정원**이 시작됩니다. 첫 번째 줄이 완성됐을 때 검토하여 거기서 파운데이션 카드가 있으면 그 위의 할당된 파운데이션 공간에 배치하고 그 외의 다른 적합한 카드도 배치하되 빈칸을 다시 채우지는 않습니다(규칙 II).

파운데이션은 일반적인 순서대로 오름차순과 내림차순으로, 서로 다른 무늬의 에이스 네 장과 킹 네 장으로 구성됩니다(규칙 I).

참고_그림에서 킹 파운데이션 중 하나는 이미 퀸으로 내려갔고, 에이스 파운데이션 중 하나는 3으로 올라간 상태입니다. 정원의 빈칸은 채워지지 않고 제거된 카드를 보여 주고 있는데, 실제로는 그림에 표시된 것보다 더 많은 행이 있을 것입니다.

그런 다음, 규칙 II를 엄격히 준수하면서 덱이 모두 소진될 때까지 정원의 첫 번째 행 아래에 연속적으로 새로운 행을 배치합니다.

정원의 각 행은 앞선 행 아래에 놓을 공간이 없는 경우에는 반 정도 덮도록 놓습니다. 하지만 빈칸이 많으면 많을수록 카드 행이 섞이기 쉬우므로 위에서부터 세어 작업 중인 행은 적절하게 분리하여 배치하고 다른 행을 부분적으로 채우지 않았는지 확인하는 것이 가장 좋습니다. 그리고 각 줄을 완성한 후에 플레이를 해야 합니다.

정원을 배치하고, 사용할 수 있는 모든 카드가 실행되면(규칙 III), 왼쪽에서 시작하여 각각의 열을 거둬서, 다음 열을 앞서 거둔 열 아래에 놓아야 합니다. 그리고 이렇게 각 열을 연속적으로 거두면, 덱을 다시 나눌 때 오른쪽 마지막 열이 맨 위에 오게 되므로 다음 딜에서는 각 카드 행의 순서를 뒤집을 수 있습니다.

정원은 두 번 거둬서 리딜 할 수 있으며 이때 동일한 규칙을 준수하면서 동일한 방식으로 딜 합니다.

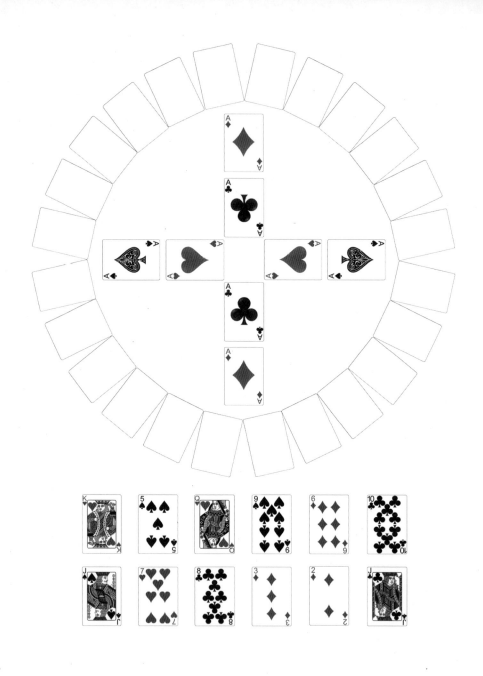

♠ 바퀴 *The Wheel*

♡ 필요한 카드: 두 벌

◇ 규칙

I. 쿠션Cushion의 빈칸은 맨 처음 카드를 딜 한 후에만 채워질 수 있으며, 후속적인 카드 딜 후에는 채울 수 없다.

II. 18의 각 조합을 만들 때, **동일한 값의 카드 두 장을 사용하는 것은 불가하다.**

III. 쿠션에 18을 완성하는데 필요한 세 장의 카드가 있는 경우라 해도 쿠션에 왕관을 씌울 수 있는(크라우닝crowning) 궁정카드가 없으면 이 카드들은 제거할 수 없다. 그런 경우에는 궁정카드가 쿠션에 나타날 때까지 그 자리에 둬야 한다.

IV. 궁정카드는 조합에서 제외되며, 조합은 마이너 카드의 숫자로만 만들어진다. 궁정카드는 각 패를 마무리하여 완성하는 방식으로 쓰인다.

V. 쿠션의 맨 위 카드만 사용할 수 있으며, 그 카드를 제거하면 아래 카드가 해제된다.

♣ 플레이

여덟 장의 에이스를 빼서 십자가 형태로 배치합니다(그림 참조). 다음으로 아래에 가로 두 줄로 여섯 장씩 열두 장의 카드를 분배하되, 그림처럼 원으로서의 카드들이 배치될 수 있는 공간을 남깁니다. 이 열두 장의 카드를 **쿠션Cushion**이라고 합니다. 쿠션에 있는 카드들로 숫자 18을 가능한 한 많이 조합하는 것이 게임의 목적입니다. 각 조합은 세 장의 카드로 구성되어야 하며(규칙 IV), 그 안에서 두 장의 카드가 같은 값을 가지면 안 됩니다(규칙 II). 예를 들어 2, 7, 9, 또는 3, 5, 10, 또는 2, 6, 10 등으로 18을 만들면 됩니다.

세 장의 카드가 18이 되면 그것들을 하나로 묶어서, 쿠션에 있는 궁정카드를 그 맨 위에 놓고, 그렇게 '왕관이 씌워진Crowning(크라우닝)' 패를 위의 원으로 할당된 공간들 중 한 자리에 놓습니다. 궁정카드가 없으면 조합을 완성할 수 없습니다(규칙 III). 원 안에 놓을 카드 패를 놓으면 손에 든 덱으로 빈칸들을 채웁니다.

더 이상의 조합을 만들 수 없을 때는 이미 쿠션을 형성하고 있는 카드 위로 열두 장을 새로 딜 한 후 거기서 사용 가능한 모든 카드로 새로운 조합을 만들어 냅니다(규칙 V). 하지만 이 시점에서는 빈칸이 나와도 카드를 다시 채울 수 없습니다(규칙 I). 따라서 이 경우의 딜과 그 이후의 딜에서 카드는 앞서 카드가 빠져나간 빈칸에 놓여야 할 수도 있습니다.

동일한 규칙에 따라 새로운 줄을 계속 딜 하며, 각 딜이 완료되지 않았는데 조합을 만들어서는 안 됩니다.

게임이 성공하면, 최종 결과는 스물네 장의 궁정카드로 둘러싸인 가운데 에이스로 만들어진 십자가를 보여 줍니다.

리딜은 하지 않으며 한 번의 게임으로 끝납니다.

♠ 방앗간 *The Mill*

♡ 필요한 카드: 두 벌

◇ 규칙

I. 날개에 있는 모든 카드는 사용할 수 있다.

II. 다섯 개의 파운데이션은 동일한 무늬로 만들지 않아도 된다.

♣ 플레이

카드 덱에서 에이스 한 장을 뽑아 여러분 앞 중앙에 놓고, 그 다음으로 여덟 장의 카드를 풍차의 날개 모양으로 에이스 주위에 그룹화하여 딜 합니다. 카드들을 딜 할 때 **킹이 나오면 각기 다른 무늬로 네 장을** 에이스의 네 모서리에 놓아야 합니다(그림 참조). 이 킹 카드들은 중앙 에이스와 함께 다섯 개의 파운데이션을 구성합니다. 네 장의 킹 위에는 에이스까지 내림차순으로 카드를 놓아야 하며, 중앙 에이스 위에는 오름차순으로 나머지 네 무늬의 카드 전체를 숫자 순서대로 쌓으면 됩니다(규칙 II).

중앙 에이스와 날개를 배치한 후, 후자에서 파운데이션을 위한 킹이나 다른 적합한 카드를 가져와서 파운데이션 위에 놓거나 중앙 에이스 위에 놓고, 발생한 빈칸은 손에 있는 덱으로 채웁니다. 그런 다음 나머지 카드를 하나씩 딜 하며, 쓸 수 있는 모든 카드를 파운데이션에 놓습니다. 그렇게 해도 사용할 수 없는 카드는 한 묶음으로 따로 보관하여 탈론을 형성합니다.

참고_중앙 에이스에 놓이는 카드 순서는 각각 에이스로 시작하여 킹으로 끝나는 네 개의 패들을 합친 게 됩니다.

날개보다는 탈론에서의 카드 플레이를 우선하는 것이 좋습니다.

날개의 빈칸은 아직 펼치지 않은 카드나 탈론에서 카드를 가져와 **즉시**

다시 채워야 합니다.

[플레이 예시]

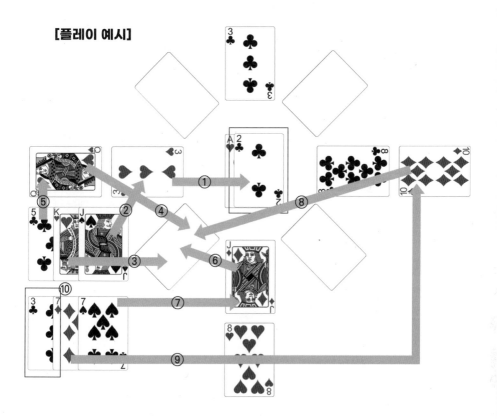

① 그림의 배치에서 파운데이션에 놓을 적합한 카드가 없으므로 덱에서 카드
를 하나 펼치니 클럽 2가 나와서 중앙 에이스 위에 올려 놓았다. 이에 따라 날
개에 있던 하트 3을 파운데이션이 된 클럽 2 위에 올려 놓을 수 있게 됐다.

② 하트 3이 파운데이션에 가면서 날개에 생긴 빈칸을 채우려고 덱에서 카드
를 펼치니 스페이드 잭이 나와서 이 카드로 빈칸을 채운다.

③ 다음 덱을 펼치니 하트 킹이 나와서 파운데이션 자리를 하나 채운다.

④ 파운데이션에 하트 킹이 배치되었으므로 날개에 있던 하트 퀸을 하트 킹 위에 내림차순으로 놓는다.

⑤ 하트 퀸이 파운데이션에 가면서 날개에 생긴 빈칸을 채우려고 덱에서 카드를 펼치니 클럽 5가 나와서 이 카드로 빈칸을 채운다.

⑥ 파운데이션의 하트 퀸 위에 다이아 잭을 올릴 수 있으므로 그렇게 한다.

⑦ 다이아 잭이 파운데이션에 가면서 날개에 생긴 빈칸을 채우려고 덱에서 카드를 펼치니 스페이드 7이 나와서 이 카드로 빈칸을 채운다.

⑧ 다이아 잭 위에 다이아 10을 올릴 수 있으므로 그렇게 한다.

⑨ 다이아 10이 파운데이션에 가면서 날개에 생긴 빈칸을 채우려고 덱에서 카드를 펼치니 다이아 7이 나와서 이 카드로 빈칸을 채운다.

⑩ 빈칸이 없는 상황에서 덱에서 새 카드를 펼치니 클럽 3이 나왔는데 카드가 쓰일 만한 자리가 없으므로 이 카드는 탈론이 된다.

파운데이션을 형성할 때, 킹 패의 맨 위 카드를 중앙 에이스 패로 옮길 수도 있지만, 이 특권은 한 번에 각 **한 장**으로 제한되며, 해당 카드를 사용하면 날개 또는 탈론의 다른 카드를 즉시 사용할 수 있을 때만 사용할 수 있습니다.

리딜은 하지 않으며 한 번의 게임으로 끝납니다.

♠ 봉쇄 *The Blockade*

♡ 필요한 카드: 두 벌

◇ 규칙

I. 첫 번째 줄에 있는 모든 카드를 사용할 수 있지만, 새로운 줄이 놓일 때마다 앞서 나온 카드를 차단한다.

아랫줄에 있는 카드를 제거하면 그 카드가 덮고 있던 바로 위에 있는 카드가 해제되며, 아랫줄에 다른 카드가 없어서 차단되지 않은 모든 카드를 사용할 수 있다.

II. 파운데이션은 반드시 같은 무늬로 만들어져야 한다.

♣ 플레이

열두 장의 카드를 가로로 일렬로 딜 합니다. 카드를 놓을 때 에이스는 나오는 대로 파운데이션에 둘 수 있지만, 가로줄이 완성될 때까지 다른 카드는 움직일 수 없습니다. 여덟 장의 에이스가 파운데이션 카드이며, 오름차순으로 킹까지 올라갑니다.

첫 번째 줄이 배치되면 그중에서 파운데이션에 적합한 카드를 사용한 다음, 카드들끼리 내림차순으로 결합하되, 이때 혼동을 피하기 위해 카드를 정확히 서로의 위에 놓도록 주의합니다. 이렇게 해서 생긴 빈칸은 즉시 덱에서 카드를 가져와 채운 다음 다시 파운데이션에 놓거나 결합을 해야 합니다. 둘 다 할 수 없는 경우, 첫 번째 줄 아래에 카드를 놓아서 새로운 가로줄을 배치하고, 그 줄이 완성되면 이전과 마찬가지로 파운데이션 만들기, 결합, 빈칸 채우기를 반복합니다.

덱이 모두 소진될 때까지 계속 연속된 가로줄을 만들며, 새로운 줄을 놓기 전에는 잠시 멈춰서 파운데이션을 만들고, 결합하고, 빈칸을 채웁니다.

게임을 진행하다 보면 종종 상위 가로줄에 빈칸이 생길 수 있습니다. 항상 이 빈칸을 우선적으로 채워야 합니다.

리딜은 하지 않으며 한 번의 게임으로 끝납니다.

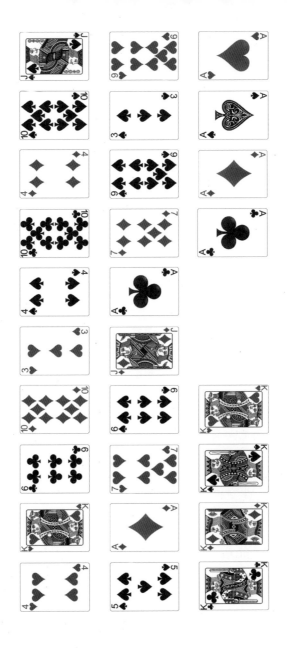

♠ 비밀 *Sly*

(교활환 여우 Sly Fox)

♡ 필요한 카드: 두 벌

◇ 규칙

I. 파운데이션은 같은 무늬로 만들어진다.

II. 산책로에서 다뤄지는 카드는 같은 무늬를 따라 만들어지지 않아도 되며, 반드시 순차적으로 배치되어야 하는 것도 아니다.

III. 산책로의 각 패들 중 맨 위에 있는 카드만 사용할 수 있으며, 그 카드를 사용함으로써 제거되면 그 아래에 있는 카드가 해제되어 사용할 수 있다.

IV. 카드는 딜 하는 과정에서 나오는 대로 플레이 할 수 있지만, 산책로에 한 번 놓여진 카드는 스무 장의 카드 딜이 완료될 때까지는 사용할 수 없다.

♣ 플레이

각각 열 장의 카드로 구성된 두 개의 가로줄을 딜 합니다(또는 원한다면 다섯 장의 카드로 네 줄을 배치할 수도 있습니다). 이 카드들을 **산책로Promenade**라고 부릅니다.

파운데이션은 네 장의 에이스와 네 장의 다른 무늬의 킹으로 구성되며, 에이스들은 킹까지 오름차순으로 쌓고, 킹들은 에이스까지 내림차순으로 쌓습니다(규칙 I). 딜을 하는 동안 파운데이션 카드가 나타나면 파운데이션에 바로 배치하고, 파운데이션에 쓰이는 카드처럼 다른 적합한 카드가 나오면 플레이 하며, 덱의 카드로 빈칸을 채웁니다. 스무 장의 첫 딜이 완료되면, 산책로를 살펴보고 모든 적합한 카드를 플레이 하십시오.

더 이상 플레이 할 수 없을 때는 덱에서의 카드 스무 장으로 두 번째 행을 딜 하되, 이렇게 딜 하는 과정에서 적합한 카드가 나오면 역시나 플레이를 합니다. 이 스무 장의 두 번째 행은 첫 번째 행의 맨 위(즉 가리는 역할)에 배치해야 하는데, 어떤 방식으로든 원하는 대로 산책로의 모든 카드에 배치해야 합니다. 예를 들어 한 패에 여러 장의 카드를 쌓거나, 첫 번째 행의 맨 위에 두 번째 행을 배치하는 등의 옵션을 선택할 수 있습니다. 하지만 스무 장의 딜이 완료되어야만 산책로 카드를 플레이 할 수 있으므로 신중하게 놓는 카드의 수를 세야 합니다(딜 도중에 파운데이션에 놓이는 식으로 플레이된 카드는 이 스무 장에 포함하여 세지 않습니다). 같은 규칙을 준수하여 스무 장의 카드를 연속된 방식으로 덱이 소진될 때까지 계속 배포합니다. 각 딜 사이에 산책로를 살펴보고, 사용 가능한 모든 카드(규칙 III)를 사용하며, 덱의 카드로 빈칸을 채웁니다.

게임의 성공은 플레이어가 산책로에 카드를 정렬하는 기술에 전적으로 달려 있습니다. 카드는 산책로 패에 같은 무늬로 순차적으로 배치하는 것이 유리합니다(규칙 II에도 불구하고). 그렇게 된 카드가 파운데이션에서 플레이 하기에 유리하기 때문입니다. 하지만 같은 무늬로 된 두 오름차순 또는 두 내림차순 시퀀스를 배치하는 것은 극도의 주의가 필요한데, 카드를 한 패에서 다른 패로 옮길 수 없기에 둘 중 하나는 쓸모가 없어지기 때문입니다.

리딜은 없으며 한 번의 게임으로 끝납니다.

[플레이 예시]

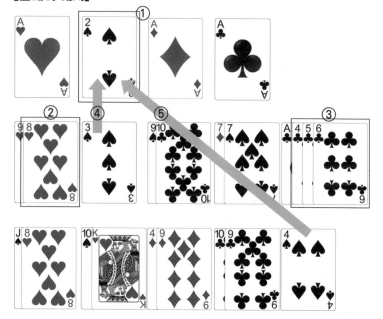

① 첫 딜을 끝내고 파운데이션에 놓을 카드가 없어서 추가로 스무 장을 산책로에 놓는 두 번째 딜을 실행하니, 덱에서 스페이드 2가 나와서 바로 파운데이션에 배치한다.

② 딜 도중에 나온 파운데이션 카드는 카운트하지 않으며, 산책로에 놓이는 카드만 스무 장을 카운트하여 놓는다.

③ 산책로에서 쓸 카드들의 상황을 봐서 특정한 패에 카드를 여러 장 놓을 수 있다.

④ 스무 장의 카드를 산책로에 모두 놓은 후, 산책로에 있는 카드들 중 스페이드 3이 파운데이션에 적합하므로 파운데이션에 놓고 빈칸은 덱에서 채운다.

⑤ 스페이드 4를 파운데이션에 놓을 수 있게 되었으므로 파운데이션에 놓고 빈칸은 덱에서 채운다.

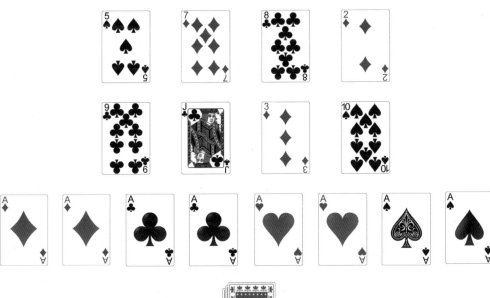

♠ 빛과 그늘 Light and Shade
♡ 필요한 카드: 두 벌

◇ 규칙

I. 파운데이션은 오름차순으로 올라가는데 붉은색 에이스, 검은색 2, 붉은색 3 등의 방식으로 색상을 번갈아 가며 쌓아야 한다.

II. **조력자** 위에 놓이는 카드들은 내림차순으로 쌓이며, 색깔도 번갈아 가며 쌓여야 한다.

III. 조력자의 빈칸은 **라이벌** 카드로 채우고, 라이벌의 빈칸은 덱 또는 탈론의 카드로 채운다.

♣ 플레이

덱에서 에이스 여덟 장을 꺼내서 수평(그림에서와 같은 무늬 순서로)으로 놓습니다. 이것이 파운데이션 카드이며, 오름차순으로 킹까지 쌓습니다(규칙 I).

다음으로 여덟 장의 카드를 뽑아 각각 네 장씩 두 줄로 파운데이션 위에 놓습니다(그림 참조). 이 두 줄의 위쪽 줄은 **조력자**Auxiliaries, 아래쪽 줄은 **라이벌**Rival이라고 합니다.

조력자에 파운데이션에 적합한 카드가 있으면, 그 카드를 파운데이션에 놓습니다. 그리고 그렇게 해서 생긴 조력자의 빈칸은 라이벌 카드로 채웁니다(규칙 III). 라이벌 카드들은 조력자 카드들 위에 내림차순으로 놓을 수도 있으며(규칙 II), 그렇게 형성된 시퀀스에서 파운데이션에 놓을 카드 기회가 생길 때마다 파운데이션 위에 놓습니다.

계속해서 덱을 딜 하여 플레이하면서 보조자 카드에 카드를 배치하고, 규칙에 따라 빈칸을 채우며, 적합하지 않은 카드는 탈론을 형성합니다.

카드는 라이벌이나 탈론에서 바로 사용할 수 없으며, 먼저 조력자로 넘어가야 한다는 점을 기억해야 합니다.

리딜은 하지 않으며 한 번의 게임으로 끝납니다.

♠ 살리카법 *The Salic Law*

♡ 필요한 카드: 두 벌

◇ 규칙

I. 킹 패에서 맨 위에 드러난 카드만 사용할 수 있으며, 그 카드를 제거할 때까지 그 카드만 사용할 수 있지만 각 패의 모든 카드가 뭔지 볼 수는 있다.

II. 파운데이션은 같은 무늬가 아니어도 된다.

♣ 플레이

덱에서 킹 하나를 빼서 여덟 개의 킹 패의 시작이 되는 킹으로 놓습니다. 플레이를 하면서 킹 카드는 나오는 대로 첫 킹 카드 옆 수평으로 이어서 놓아야 합니다. 첫 번째로 나온 킹 위에 다음 킹이 나타날 때까지는 모든 카드를 순서와 무늬와는 상관없이 덱에서 카드를 펼쳐 나오는대로 앞선 카드 위를 반쯤 덮으며 놓습니다. 그러다 두 번째 킹이 나오면 두 번째 킹 카드 위에 카드를 놓으며, 이렇게 계속해서 전체 카드를 나눠주되, 항상 마지막 킹 위에 카드를 쌓습니다.

여덟 장의 에이스가 파운데이션 카드가 되며, 오름차순으로 잭까지 올라갑니다(규칙 II). 패를 딜 하는 도중에 에이스가 나오면 즉시 킹 패의 위쪽에 배치하고, 이후에 파운데이션으로 적합한 카드를 놓아야 합니다(규칙 I). 그리고 퀸이 나오면 파운데이션 위쪽에 배치합니다. 게임이 성공하면 맨 위의 여덟 퀸, 중앙에서 파운데이션을 완성하는 여덟 잭, 그리고 맨 아래의 여덟 킹으로 구성되는 최종적인 목표를 완성하게 됩니다.

킹 패의 맨 아래쪽 드러난 카드들을 계속 검토하여 파운데이션에 적합한 카드를 찾아 놓아야 하며, 그렇게 함으로써 킹 패를 완전히 없애려고 노력해야 합니다. 카드를 모두 딜 한 후에는 각 킹 패의 카드 한 장을 다른 킹 패에 놓을 수 있습니다(규칙 I). 이때 물론 파운데이션에 적합한 카드를 가장 많이 놓을 수 있게끔 만드는 카드로 선택해야 하며, 이를 위해 전체 패를 검토할 수 있습니다. 이것이 전체적인 플레이를 구성합니다.

리딜은 하지 않으며 한 번의 게임으로 끝납니다.

[플레이 예시]

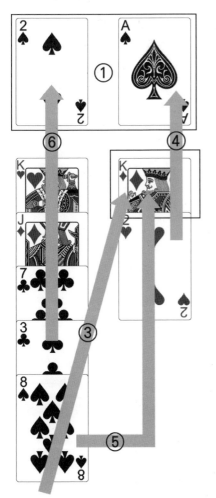

① 딜을 하면서 에이스 카드가 나오면 파운데이션으로 배치한다.

② 딜을 하면서 퀸 카드가 나오면 파운데이션 위쪽 자리에 배치한다.

③ 첫 킹 카드 아래로 카드를 딜을 하다가 두 번째 킹 카드가 나오면 첫 킹 카드 옆으로 배치하면서 새롭게 카드를 딜 하고, 첫 킹 카드에서의 딜은 종료한다.

④ 파운데이션은 같은 무늬로 만들어지지 않아도 된다.

⑤ 덱의 모든 카드를 딜 하고 나면 각 킹 패의 맨 위 드러난 카드 하나를 다른 킹 패로 보낼 수 있다. 예시의 경우, 첫 킹 패에서의 스페이드 8을 다른 킹 패로 보내면 클럽 3이 해제된다.

⑥ 해제된 클럽 3을 파운데이션으로 보낼 수 있다.

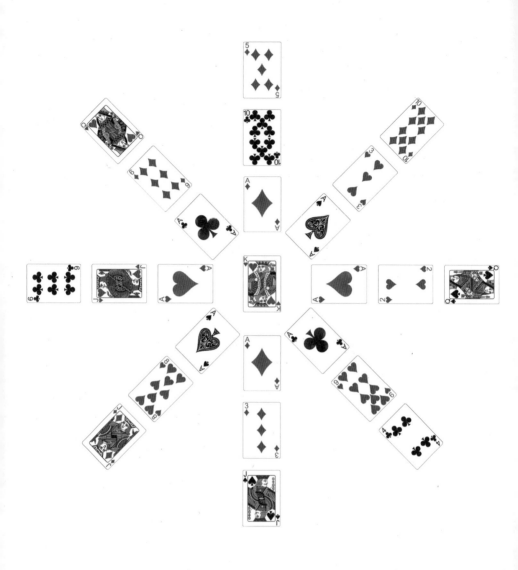

♠ 샤 *The Shah*

♡ 필요한 카드: 두 벌

◇ 규칙

I. 카드가 펼쳐지는 동안 별 모양을 이루는 각 원 안의 카드는 뒤이어 놓이는 원에 차단될 때까지 사용할 수 있다. 카드를 모두 펼친 후에 다른 게임들의 경우와 같이 카드를 제거하여 안쪽 원이 해제될 때까지 세 번째(또는 바깥쪽) 원에 있는 카드만 사용할 수 있다.

II. 결합은 세 번째 원의 카드만 할 수 있게끔 제한되며, 안쪽 원의 카드는 해제되더라도 플레이만 할 수 있고 결합은 할 수 없다.

III. 파운데이션은 반드시 같은 무늬를 따라 만들어져야 한다.

♣ 플레이

덱에서 에이스 여덟 장과 킹 여덟 장을 가져옵니다. 그중 일곱 장의 킹은 버리고 나머지 킹 한 장을 중앙에 놓고 여덟 장의 에이스가 그 주변의 원을 그리며 둘러싸도록 놓습니다.

한 장의 킹은 **샤**(과거 페르시아의 왕을 지칭하는 말)라고 불리며 홀로 둡니다. 에이스는 파운데이션 카드이며, 여기에 카드를 오름차순으로 퀸까지 올리면 됩니다.

그런 다음 맨 위에서부터 왼쪽에서 오른쪽으로 여덟 장의 카드를 원 모양으로 놓습니다. 이 중 파운데이션에 적합한 카드가 있으면 파운데이션에 놓고 덱에 있는 카드로 바로 빈칸을 채우면서 플레이합니다. 그런 다음 첫 번째 원(규칙 I)을 차단하는 두 번째 원을 놓아서 같은 방식으로 둔 다음, 마지막으로 세 번째 원을 놓아서 별의 광선을 완성합니다.

참고_66쪽 그림에서 세 번째 원은 그림이 차지할 공간을 고려하여 제외했습니다. [플레이 예시]를 참조해 주세요.

이제 별을 살펴보고 결합하거나 플레이 하는 데 유리한 카드가 있는지 확인해야 하는데(규칙 Ⅰ, Ⅱ), 유리한 기회가 오기 전까지는 두 가지 모두 꼭 해야 할 의무는 없습니다. 결합은 내림차순으로만 할 수 있습니다.

참고_카드를 딜 할 때 필요한 카드가 나타날 때까지 기다린 다음 카드를 플레이 하거나 결합함으로써 카드를 놓을 자리를 만드는 것이 더 좋습니다.

카드를 모두 플레이 하거나 결합했다면, 그렇게 만들어진 빈칸은 이전과 마찬가지로 안쪽 원부터 시작하여 왼쪽에서 오른쪽으로 덱이나 탈론으로 다시 채워야 합니다.

딜을 하면서 파운데이션, 결합, 빈칸을 채우는 데 적합하지 않은 나머지 카드는 탈론을 형성합니다.

한 레인, 즉 별의 광선 하나의 전체가 소진되면, **안쪽** 카드의 자리는 다른 세 번째 원에 있는 **카드 한 장**으로 채워질 수 있습니다. 이 인내심은 거의 성공하기 어렵기에 이 해법은 때때로 매우 유용하며 일종의 **은혜**입니다. 각 광선은 항상 완전해야 하므로 광선의 나머지 두 칸은 탈론에서 다시 채워야 하며, 한 번에 완료해야 합니다.

리딜은 하지 않으며 한 번의 게임으로 끝납니다.

[플레이 예시]

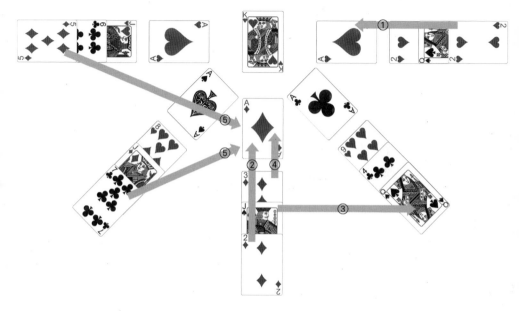

① 세 번째 원, 혹은 맨 바깥쪽 원의 카드만 파운데이션에 오름차순으로 놓을
수 있다.

② 세 번째 원, 혹은 맨 바깥쪽 원의 카드를 파운데이션에 놓음으로써 두 번째
원 카드가 해제되어 사용할 수 있게 된다.

③ ②에서 해제된 카드를 세 번째 원, 혹은 맨 바깥쪽 카드에 내림차순으로 놓
는다.

④ 해제된 카드를 파운데이션에 놓는다.

⑤ 덱을 완전히 다 썼을 때 해당되는 상황으로, 만약 완전히 소진된 광선 카드
가 있으면 그 맨 안쪽 카드 자리는 다른 세 번째 원의 카드로 놓을 수 있으며,
광선의 나머지 두 카드는 탈론에서 채운다.

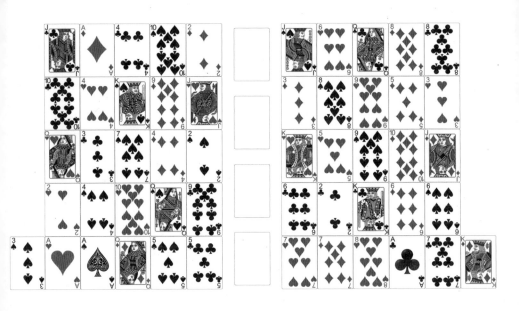

♠ 성채 *Fortress*

♡ 필요한 카드: 한 벌

◇ 규칙

I. 각 그룹의 바깥쪽 카드만 사용할 수 있으며, 카드가 제거되어 다음 카드가 해제될 때까지는 **다른 카드가 바깥쪽에 있는** 카드를 사용할 수 없다는 원칙이 적용된다. 여기서 **바깥쪽**이란 오른쪽 그룹의 맨 오른쪽에 있는 카드와 왼쪽 그룹의 맨 왼쪽에 있는 카드를 의미힌다.

II. 파운데이션은 같은 무늬로 만들어져야 한다.

♣ 플레이

그림에서처럼 전체 덱을 두 그룹으로 나누어 왼쪽부터 시작하여 각 그룹을 가로질러 똑바로 놓되, 중앙에 에이스 네 장을 놓을 공간을 남겨둡니다. 이 카드들은 놓을 수 있게 됐을 때 놓는 파운데이션이 되며, 킹까지 오름차순으로 쌓게 됩니다.

두 그룹의 **바깥쪽**에 에이스가 나오면, 그 에이스와 함께 파운데이션을 이어 올릴 수 있는 다른 적합한 카드(규칙 I 및 II)도 함께 놓으면 됩니다.

파운데이션 플레이가 끝나면 다음으로, 두 그룹의 바깥쪽에 있는 카드로 오름차순과 내림차순으로 결합을 만듭니다(규칙 I). 그러나 이 작업은 최대한 많은 수의 적합한 카드를 공개하는 것뿐만 아니라 가능하면 카드의 가로줄 전체를 소진하여 레인을 만들 수 있도록 매우 신중하게 수행해야 합니다. 게임의 성공 여부는 전적으로 이 레인에 달려 있습니다. 따라서 한 레인을 여는 데 성공했다면, 새로운 조합으로 다시 만들 수 있을 때까지 채우지 않는 것이 현명합니다.

레인을 다시 채우려면 사용 가능한 카드(규칙 I)를 골라 레인의 맨 안쪽 자리에 놓고, 같은 무늬의 순서대로 카드를 차례로 놓는데, 당연히 마지막으로 놓는 카드가 맨 바깥쪽이 되어 사용 가능한 카드가 됩니다.

레인의 훌륭한 한 가지 용도는 오름차순으로 결합한 순서를 뒤집는 것입니다.

참고_2에서 8로 끝나게끔 카드가 순서대로 놓여 있다고 가정하면, 8을 레인 안쪽 끝에 놓고 다른 카드들은 2가 바깥쪽 카드가 될 때까지 연속해서 놓습니다. 레인에 원래 수보다 많은 카드가 있을 경우, 카드를 서로 겹쳐서 놓을 수 있습니다.

리딜은 하지 않으며 한 번의 게임으로 끝납니다.

♠ 세인트 헬레나의 나폴레옹
Napoleon at St. Helena

(40인의 도적Forty Thieves, 큰 40Big Forty, 산후안의 루스벨트

Roosevelt at San Juan)

♡ 필요한 카드: 두 벌

◇ 규칙

I. 맨 아랫줄에 있는 카드만 사용할 수 있으며, 해당 카드를 제거하여 해제될 때까지는 **덮는 카드가 있는 카드를 사용할 수 없다**는 원칙이 적용된다.

II. 파운데이션에 놓일 카드도 이 원칙을 따라야 한다.

♣ 플레이

열 장의 카드를 왼쪽에서 오른쪽으로 놓으면서 네 개의 줄로 딜 합니다.

플레이를 하면서 여덟 장의 에이스가 나오면 빼서 파운데이션 카드로 삼으며, 거기서부터 오름차순으로 킹까지 올리는 것이 게임의 목표입니다. 그리고 맨 아랫줄에서 에이스 카드가 나오면, 파운데이션으로 할당된 공간에 그 에이스 카드를 놓고 그 위에 오름차순으로 적절한 카드를 놓아 파운데이션을 쌓습니다(규칙 Ⅰ).

다음으로 놓인 패를 검토하면서 파운데이션을 쌓을 적합한 카드를 내기 위한 결합을 맺도록 노력해야 합니다(결합은 내림차순으로, 항상 규칙 Ⅰ에 따라서 합니다). 하지만 이 과정에서 아랫줄에 놓일 카드가 곧 해제되어야 할 필요가 있는 카드를 막지 않도록 주의해야 합니다.

이러한 작업을 통해 맨 윗 줄까지 소진시킬 수 있다면(따라서 열린 수직로를 형성할 수 있다면) 매우 유용하게 사용할 수 있습니다. 이 빈 수직로는 이미 놓인 맨 아랫줄 카드나 탈론 카드로 채울 수 있지만, 유리한 기회가 생길 때까지 기다리면서 채우지 않아도 됩니다.

참고_어떤 플레이어는 탈론으로만 빈칸을 채울 수 있을 겁니다.

그렇게 열린 수직로에 놓인 카드는 배치된 카드로서의 모든 특권을 가지며, 동일한 방식으로 취급됩니다.

배치된 카드들에서 더 이상 사용할 수 있는 카드가 없을 경우, 딜을 하고 남은 나머지 덱을 한 장씩 뒤집어 적합한 카드를 파운데이션 위에 놓거나 맨 아랫줄에 내림차순으로 놓으면서 딜 합니다. 그렇게 사용할 수 없는 카드는 한 패로 따로 모아서 탈론을 형성합니다.

리딜은 하지 않으며 한 번의 게임으로 끝납니다.

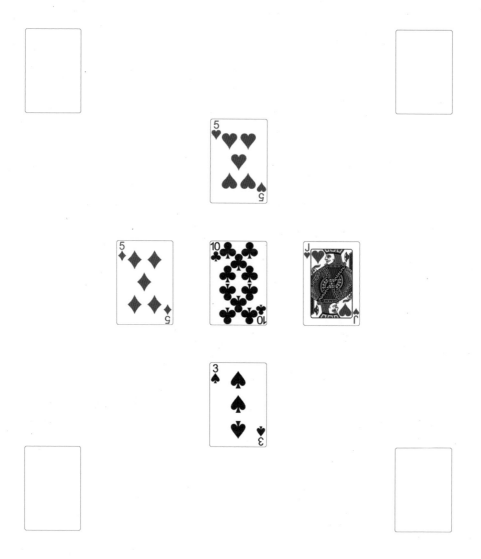

♠ 세지윅 장군 General Sedgewick

♡ 필요한 카드: 한 벌

◇ 규칙

I. 십자가를 이루는 원래의 다섯 장의 카드는 사용할 수 있지만, 다른 카드들의 추가 배치로 그 카드들이 가려질 때, 추가 배치된 카드가 제거되어 아래의 카드를 해제할 때까지는 각 패의 맨 위 카드만 사용할 수 있다.

II. 파운데이션은 같은 무늬를 따라 만들어진다.

III. 십자가에 있는 카드는 한 패에서 다른 패로 내림차순으로 전송될 수 있으며, 덱이나 탈론의 카드도 십자가에 내림차순으로 배치할 수 있다.

IV. 십자가에 있는 카드들은 같은 무늬를 따라 구성될 필요가 없다.

♣ 플레이

덱에서 다섯 장의 카드를 빼서 십자가 형태로 배치합니다.

그 다음으로 나온 카드를 왼쪽 상단 모서리에 배치되며, 다른 세 모서리에 그와 같은 숫자의 세 장의 카드를 추가로 배치하여 파운데이션을 구성합니다(그림 참조). 파운데이션은 오름차순으로 만들어집니다(규칙 II).

십자가와 첫 번째 파운데이션 카드를 놓은 후, 파운데이션 카드나 그 외의 적합한 카드를 십자가에서 가져와 사용합니다. 그래서 발생한 빈칸은 덱이나 탈론으로 채웁니다. 그리고 나서 십자가에서 카드들을 옮기는 작업을 진행합니다(규칙 I, III, IV). 그리고 무조건 해야 할 일은 아니지만, 이렇게 해서 만들어지는 패들은 파운데이션에서 플레이될 것이기 때문에 같은 무늬로 만드는 게 매우 유리합니다. 카드를 가능한 한 많이 번갈아 가며 전송해서 같은 무늬로 만들 가능성을 효과적으로 높이는 것이 플레이어의 주요한 목표가 되어야 합니다.

카드가 소진될 때까지 딜 합니다. 플레이 하고, 옮기고, 빈칸을 메웁니다. 이에 적합하지 않은 카드는 탈론을 형성합니다.

리딜은 하지 않으며 한 번의 게임으로 끝납니다.

[플레이 예시]

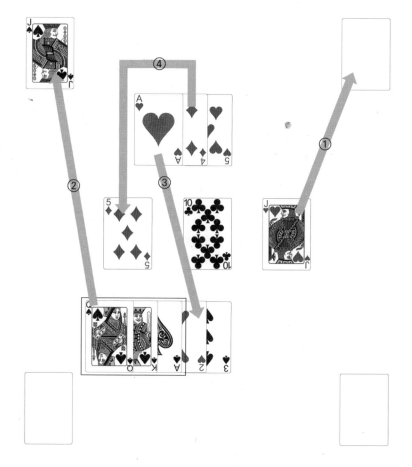

① 스페이드 잭이 첫 파운데이션 카드가 되었으므로 하트 잭을 두 번째 파운 데이션에 놓는다. 하트 잭이 파운데이션으로 가서 생긴 빈칸은 덱이나 탈론에 서 채운다.

② 플레이를 하면서 내림차순으로 구성된 스페이드 퀸, 킹, 에이스를 파운데 이션에 놓는다.

③ 해제된 하트 2에 하트 에이스를 옮겨 놓는다.

④ 해제된 다이아 4를 다이아 5에 옮겨 놓는다.

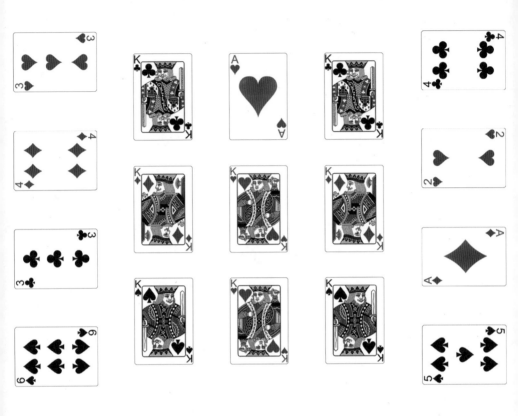

♠ 술탄 *The Sultan*

(튀르키예의 술탄Sultan of Turkey, 독일 황제Emperor of

Germany)

♡ 필요한 카드: 두 벌

◇ 규칙

파운데이션은 같은 무늬로 만들어져야 한다.

♣ 플레이

게임을 시작하기 전에 그림에서와 같이 여덟 장의 킹과 에이스 하트를 놓습니다.

중앙의 하트 킹은 술탄이라고 불리며 혼자 남습니다. 나머지 일곱 장의 킹이 하트 에이스와 함께 파운데이션 카드를 구성합니다. 이 일곱 장의 킹은 각각 에이스로 시작하여 퀸까지 오름차순으로 올라갑니다. 하트에이스도 같은 방식으로 올라가기 때문에 술탄을 둘러싼 여덟 장의 패는 모두 퀸으로 끝나게 됩니다.

다음으로 양쪽에 네 장씩 총 여덟 장의 카드를 딜 합니다(그림 참조). 이것이 **디반Divan**을 구성합니다. 이 디반에서 파운데이션에 적합한 카드를 골라서 파운데이션에 놓습니다. 그런 후에 덱의 나머지 카드를 한 장씩 딜 하여서 파운데이션에 적합하지 않은 카드를 한 패로 묶어 탈론을 만듭니다. 디반에 빈칸이 생기면 탈론에서 적합한 카드로 즉시 채우거나 탈론이 없는 경우 덱에서 채워야 합니다.

탈론은 필요한 경우 두 번까지 섞어서, 리딜 할 수 있습니다.

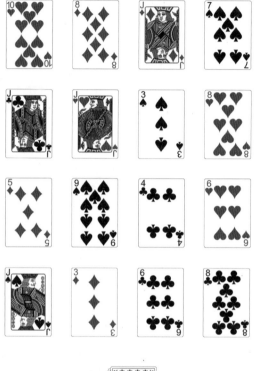

♠ 스퀘어 *The Square*

(플루토Pluto)

♡ 필요한 카드: 두 벌

◇ 규칙

Ⅰ. 파운데이션은 같은 무늬로 만들어진다.

Ⅱ. 네 장의 에이스(파운데이션)는 오름차순으로 킹까지 올라가며, 각각의 패가 킹까지 쌓이면 두 번째 킹(동일한 무늬)이 바로 그 위에 배치되어야 하고, 같은 패의 다른 시퀀스로서 내림차순으로 에이스까지 쌓아 네 개의 파운데이션을 완료한다.

♣ 플레이

그림과 같이 열여섯 장의 카드를 딜 합니다. 여기가 **스퀘어Quadrat**입니다.

카드를 딜 하는 동안 서로 다른 무늬의 네 장의 에이스는 나오는 대로 그림에서처럼 할당된 공간에 배치되어야 합니다. 이 카드들은 킹까지 오름차순으로 오른 후에 다시 에이스로 내림차순으로 내려가 완료되는 파운데이션입니다(규칙 Ⅱ).

스퀘어가 완성되면 적합한 카드로 플레이를 하는데, 스퀘어에 있는 카드들끼리 오름차순과 내림차순의 두 가지 방법으로 결합하며, 빈칸은 즉시 덱이나 탈론으로 채웁니다. 전체 덱을 계속 분배하고, 오름차순으로 먼저 카드를 놓아 완료한 다음 내림차순으로 카드를 놓고(규칙 Ⅱ), 결합하고 빈칸을 채우고 적합하지 않은 카드는 탈론을 만듭니다.

스퀘어의 시퀀스는 한 패에서 다른 패로 역으로 갈 수도 있습니다. 예를 들어 한 패에 맨 위 카드가 9인 시퀀스가 있고, 다른 패에 맨 위 카드가 8 또는 10인 시퀀스가 있으면(물론 동일한 무늬여야 합니다) 이 중 하나를 9에 배치하여 전체 시퀀스를 역전시킬 수 있는데, 이때 카드가 서로를 절망적으로 차단하지 않도록 많은 주의를 기울여야 합니다. 이러한 위험을 피하기 위해서는 많은 연습이 필요합니다.

게임이 성공하면 네 장의 에이스로 시작된 두 개의 시퀀스로 구성되는 파운데이션은 네 장의 에이스로 마무리됩니다.

리딜은 하지 않으며 한 번의 게임으로 끝납니다.

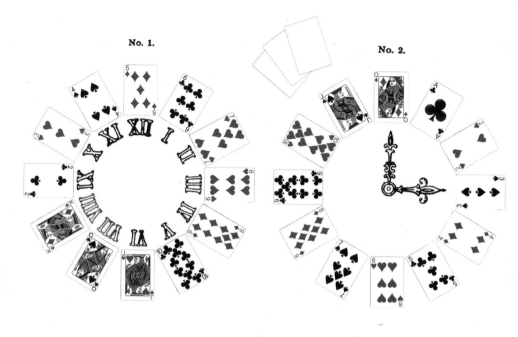

♠ 시계 *The Clock*

♡ 필요한 카드: 두 벌

◇ 규칙

I. 원이 형성되면 각 패의 맨 위 노출된 카드를 사용할 수 있으며, 그를 제거하면 다른 게임에서처럼 아래 카드가 해제된다.

II. 결합은 원 안의 카드로만 할 수 있으며, 덱이나 탈론의 카드로는 할 수 없다.

III. 원 안의 빈칸은 덱의 카드로 채우되 탈론의 카드로는 채울 수 없으며, 각 패는 세 장 이상의 카드가 들어 있게끔 채워야 한다.

IV. 열두 개의 파운데이션은 같은 무늬로 만들어져야 한다.

♣ 플레이

그림 1.에서와 같이 덱에서 열두 장의 카드를 꺼내서 시계의 시간에 맞춰 정확한 순서로 놓습니다. 이것이 파운데이션 카드이며, 카드 숫자가 각 패가 놓인 시계의 시간에 도달할 때까지 오름차순으로 쌓습니다.

이 열두 장의 파운데이션 카드를 배치한 후, 그 옆에 각각 세 장의 카드로 구성된 열두 패로 **원Circle**을 만들어 각 카드들이 보이도록 앞면으로 펼쳐서 놓습니다. 이 원에서 먼저 파운데이션에 적합한 카드를 모두 낸 다음(규칙 I), 자신들끼리 내림차순으로 결합하고(규칙 II), 빈칸을 채웁니다(규칙 III). 마지막은 왼쪽에서 오른쪽으로, 숫자 1부터 시작하여 순서대로 진행해야 하며, 모든 패를 다시 채운 후에는 다시 게임을 하거나 결합을 진행합니다.

참고_각 패에는 세 장보다 적은 카드가 있어서는 안 되지만, 결합으로 인해 세 장보다 많은 카드가 있는 경우는 종종 발생할 수 있습니다.

원에 남겨 두면 더 유용할 수 있는 카드를 반드시 파운데이션으로 옮겨야 할 의무는 없습니다.

추가 진행이 모두 끝나면 남은 카드를 딜 하여서 적합한 카드를 모두 파운데이션에 놓고, 결합하고, 빈칸을 채우되 규칙 II를 위반하지 않도록 주의합니다. 그렇게 해도 사용할 수 없는 카드는 한 패에 따로 모아 탈론을 형성하며, 탈론은 파운데이션에서만 사용할 수 있습니다.

리딜은 하지 않으며 한 번의 게임으로 끝납니다.

[플레이 예시]

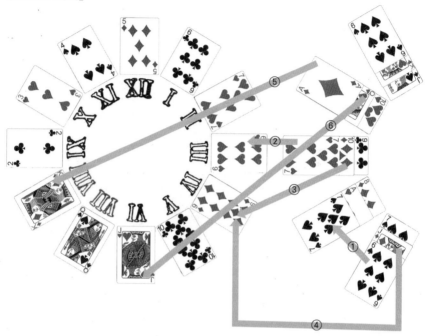

① 원에 있는 스페이드 6을 스페이드 7에 내림차순으로 결합한다. 다이아 잭
이 해제된다.

② 원에 있는 하트 7을 파운데이션의 3시에 있는 하트 6에 올린다. 다이아
10이 해제된다.

③ 해제된 다이아 10을 파운데이션의 4시에 있는 다이아 9에 올린다.

④ 해제된 다이아 잭을 파운데이션 4시에 올린다.

⑤ 원의 다이아 에이스를 파운데이션의 8시에 있는 다이아 킹 위에 올린다.

⑥ 해제된 하트 퀸을 파운데이션의 6시에 있는 하트 잭 위에 올린다.

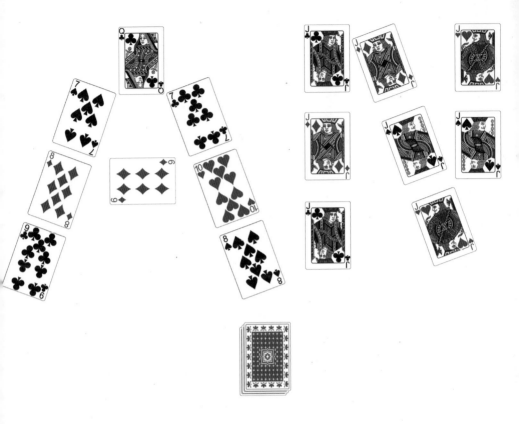

♠ 안나 *Anna*

♡ 필요한 카드: 두 벌

◇ **규칙**

I. 파운데이션은 같은 무늬로 만들어진다.

II. 각 도움 카드 패는 맨 위 카드가 제거되어 아래 카드를 해제할 때까지 맨 위 카드만 사용할 수 있다.

III. 원래 딜을 하다가 나오든 빈칸을 채우다가 나오든 간에, 퀸 카드가 도움에 나타나면 다른 카드를 그 위에 놓을 수 없다. 그것들은 하나의 단독 카드로 남는다.

♣ 플레이

여덟 장의 카드를 대문자 A 모양으로 딜 합니다. 이 카드들을 **도움** **Helps**이라고 합니다. 이어서 딜을 진행하며, 딜이 진행되는 동안 잭 카드가 나타날 때마다 빼서 N자를 형성하도록 배치합니다(그림 참조). 여덟 장의 잭 카드는 파운데이션이며, 킹까지 내림차순으로 쌓습니다.

도움(글자 A)이 만들어지면 파운데이션을 만들 수 있는 적합한 카드(그 중 하나라도 이미 배치된 경우)를 플레이 하며 그로 인해 빈칸이 생기면 덱이나 탈론 카드로 채웁니다. 다음으로 도움 카드들을 **오름차순**으로 결합합니다. 단, 퀸의 경우에는 카드를 배치하지 않아야 합니다(규칙 II 및 III).

플레이에 사용할 수 있는 카드가 없거나 결합할 수 없을 때, 전체 덱을 딜 하면서 잭을 N자 모양으로 두고, 기타 적합한 카드로는 도움 카드와 결합을 구성하며, 빈칸을 채우고 그 외의 부적합한 카드로는 탈론을 만듭니다.

게임이 성공하면 마지막에는 퀸들로 구성된 문자 A와 파운데이션 카드를 끝내는 킹들로 구성된 문자 N이 나타납니다.

탈론은 두 번 리딜 할 수 있습니다.

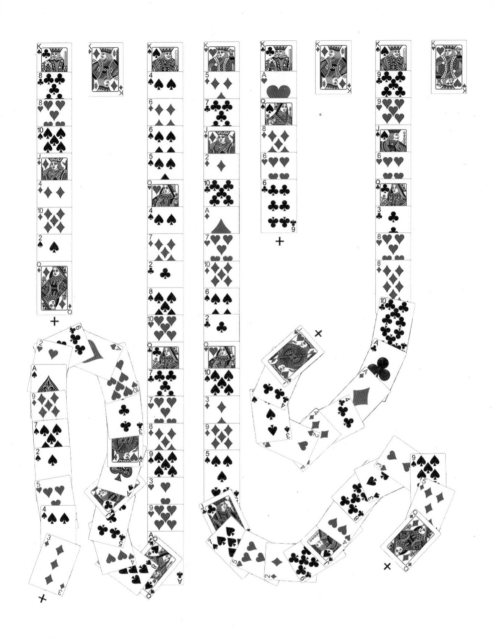

♠ 에드먼드 스펜서의 『요정 여왕』
Spenser's Fairie Queen
♡ 필요한 카드: 두 벌

◇ 규칙

I. 파운데이션은 같은 무늬로 만들어진다.

II. 카드를 나누는 중에 킹이 둘 이상 연달아 나오면 마지막 킹에만 카드를 놓을 수 있다.

III. 사용 가능한 카드는 내림차순으로 한 열에서 다른 열로 옮길 수 있으며, 이때 같은 무늬여야 할 필요는 없다.

IV. 각 열의 가장 아래쪽 카드만 사용할 수 있으며, 그 카드를 제거하면 그 위에 있는 카드가 해제된다.

V. 사용 가능한 모든 카드를 킹 하나에게 옮길 수 있으며, 다른 열과 마찬가지로 해당 카드에 시퀀스를 배치할 수 있다.

♣ 플레이

덱에서 킹 한 장을 가져와 왼쪽 상단 모서리에 놓습니다. 이 킹 위에 카드를 딜 하는 순서대로, 각 카드는 앞에 나온 카드의 절반을 덮으며 수직 열로 놓습니다. 그러다 두 번째 킹이 나타나면 첫 번째 킹 옆 자리에 놓으며, 이 킹은 두 번째 열의 머리가 됩니다(규칙 II). 세 번째 킹이 나타나면 두 번째 킹 옆에 놓고, 이와 같은 방식으로 덱이 소진될 때까지 카드를 놓는데, 카드는 항상 마지막에 나온 킹에 놓입니다. 따라서 일부 킹은 길이가 다르게 되기도 하고(참고 3 참조) 일부 킹은 홀로 남아 있을 수 있는데, 이는 상황을 매우 유리하게 만듭니다.

카드를 딜 하는 동안 에이스가 나오면 파운데이션으로 할당된 적당한 공간에 배치합니다. 이 여덟 장의 에이스는 파운데이션을 형성하며 오름차순으로 퀸으로 올라갑니다(규칙 Ⅰ). (참고 2 참조).

적합한 카드는 카드를 딜 하는 도중에 나오는 대로 사용할 수 있으며, 한 장의 카드를 사용하면 다른 카드를 사용할 수 있으므로(규칙 Ⅳ) 카드를 사용한 후에는 열을 검토해야 합니다.

카드를 딜 하는 게 완료되면 배치된 카드들을 주의 깊게 살펴봐야 합니다.

이제 사용 가능한 카드를 한 열에서 다른 열로 옮기거나(규칙 Ⅲ), 혼자 있는 킹 위에 놓거나(규칙 Ⅴ), 파운데이션에 놓는 식으로 플레이 할 수 있습니다. 때로는 카드를 플레이 하지 않고 다음 카드가 나올 순서를 기다리는 것이 더 나을 수도 있습니다.

퀸은 파운데이션을 완성하는 데 필요할 때까지 다시 이동할 수 없으므로 퀸을 이동시키는 것은 바람직하지 않지만, 퀸을 제거하면 긴급하게 필요한 카드가 해제되는 경우에는 종종 퀸을 이동해야 할 필요가 있습니다. 게임의 성공 여부는 가능한 한 많은 카드를 방출하기 위해 시퀀스를 옮기는 플레이어의 기술에 크게 달려 있습니다. 리딜은 하지 않으며 한 번의 게임으로 끝납니다(참고 1 참조).

참고 1_두 장의 단독 킹을 가지고 있는 상태에서 내림차순 시퀀스로 막혀 있는 하트 잭을 해제하고 싶다고 가정할 때, 그 시퀀스의 마지막 카드가 4라고 가정한다면 그 4와 5를 두 장의 여분의 킹에 놓습니다. 이렇게 하면 6이 해제되고, 다른 열의 맨 아래에 7이 있으면 6을 그 위에 놓고 5와 4를 올려서 다시 두 개의 킹을 해제합니다. 이제 (해결하려는 열의) 7과 8을 그 칸에 올려 놓습니다. 그런 다음 7을 8로 옮기고 9를 나머지 킹 위에 놓습니다. 이제 하트 열을 막는 10만 남았으니, 10을 이동시켜 놓을 수 있는 다른 열을 찾아 거기에 놓을 수 있을 것입니다. 이렇게 다소 복잡한 방식으로 원하는 하트 잭의 해제에 도달합니다. 이러한 조합은 무궁무진합니다.

참고 2_그림에서 파운데이션을 놓는 자리는 그릴 공간이 부족하여 그리지 않았습니다. 본 게임은 「살리카법」과 거의 같으므로 「살리카법」을 참조하길 바랍니다.

참고 3_다음 카드가 나오기 전에 너무 많은 카드를 킹 하나에 놓게 되어 더 이상 일직선으로 열을 이어갈 수 없는 경우가 종종 있습니다. 따라서 플레이어는 카드를 비틀어 공간을 확보해야 하며(그림 참조), 그림에서 사용 가능한 카드를 작은 십자가로 표시했습니다.

♠ 여왕들 *The Queens*

♡ 필요한 카드: 두 벌

◇ **규칙**

I. 파운데이션은 같은 무늬를 따라 만든다.

II. 열쇠의 맨 위에 있는 카드는 아래에 있는 카드가 해제될 때까지 단독으로 사용할 수 있다. 카드를 뽑을 때마다 그 카드가 덮고 있던 아래 카드가 해제된다.

III. 열쇠 카드는 파운데이션에만 놓을 수 있고 덧문에는 놓을 수 없다.

IV. 퀸의 지불 카드는 열쇠의 **맨 위에서** 가져간다(퀸 자신을 포함하여 각각 열네 장씩).

V. 퀸의 지불 카드는 탈론의 **맨 밑에서** 가져간다(퀸 자신을 제외하고 각각 세 장씩).

♣ 플레이

서른두 장의 카드를 덱에서 빼서 왼쪽에 두고 앞면이 위쪽을 향하게 합니다. 이 패를 **열쇠**Key라고 합니다. 맨 위의 카드가 퀸이면, 열쇠의 맨 위에서부터 열네 장의 카드(퀸 포함)를 빼 덱의 맨 밑에 넣습니다(규칙 IV). 그렇게 열네 장의 카드를 제거한 후에 다음 펼친 카드도 퀸일 경우, 과정을 반복하여 스물여덟 장의 카드를 덱에 추가하고 열쇠 카드를 줄입니다. 다음 카드마저도 퀸이 나오면 나머지 카드(남은 네 장)를 모두 덱에 추가함으로써 게임의 성공을 크게 촉진할 수 있습니다.

열쇠를 만든 후(운이 좋다면 열쇠 카드가 줄었을 것입니다) 다음에는 일곱 장의 카드를 나눠서 각각 네 장과 세 장으로 된 두 줄로 배치합니다 (그림 참조). 이것을 **덧문**Shutter이라고 합니다. 이 카드들을 놓는 동안 어떤 킹 카드라도 나타나면 그 킹 카드를 덧문 위에 일렬로 놓으십시오. 이 여덟 장의 킹은 에이스를 거쳐 퀸까지 오름차순으로 쌓는 파운데이션 이 됩니다(규칙 I).

덧문을 놓으면서, 적합한 카드를 플레이 하고, 빈칸이 생기면 덱으로 바로 채우면서, 항상 우선적으로 열쇠 카드가 사용 가능한지를 확인합니다(규칙 II와 III). 우선적으로 열쇠를 없애는 것이 매우 중요하기 때문에 그런 관점에서 플레이 합니다. 덧문 카드는 서로, 혹은 덱이나 탈론의 카드와 내림차순으로 결합할 수 있습니다. 결합을 하거나 사용 가능한 모든 카드를 사용했다면 덱의 나머지 카드를 딜 하고, 플레이 하고, 결합 및 빈칸을 채우며, 그에 부적합한 카드들로는 탈론을 만듭니다.

탈론에 들어가는 퀸의 수(이를 위해 카운터counter를 몇 개 준비하는 것이 가장 좋습니다)를 신중하게 세어야 합니다. 덱이 모두 소진되면 각 퀸 카드는 세 장의 카드로 계산됩니다. 즉, 탈론에 들어간 각 퀸에 대해 탈론 밑에서 퀸 자신을 제외한 카드 세 장씩을 뺍니다(규칙 V). 그리고 이 카드들은 새로운 패가 되어 딜 할 수 있습니다.

따라서 탈론에 여섯 장의 퀸이 포함되어 있는 경우, 여섯 장의 퀸을 제외한 열여덟 장의 카드를 빼서 딜 하고, 다시 탈론에 있는 퀸을 세어 이전과 같이 지불합니다. 이는 탈론을 완전히 리딜 하지 않으면서 게임에서 이길 수 있는 새로운 기회를 주기 위함입니다. 만약 탈론에 각 퀸에 해당하는 세 장씩을 지불할 충분한 카드가 남아 있지 않다면, 남은 카드를 모두 가져가면 됩니다. 그리고 열쇠도 소진됐다면 성공의 희망이 있습니다.

[플레이 예시]

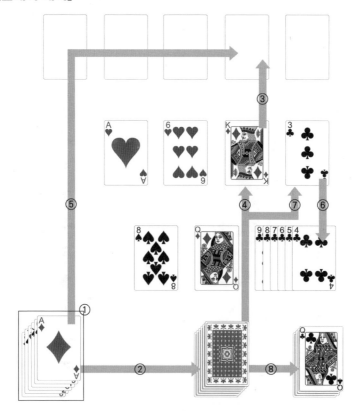

① 덱에서 서른두 장의 카드를 빼서 날개 패를 만든다.

② 날개 패의 맨 위 카드가 퀸이면 퀸 포함 열네 장을 빼서 덱 밑에 넣는다.

③ 덱에서 일곱 장을 빼서 위 네 장, 아래 네 장으로 배치하면서 킹 카드가 나오면 파운데이션에 놓는다.

④ 배치에서 파운데이션으로 카드가 이동되어 빈칸이 생기면 덱에서 채운다.

⑤ 날개 패의 카드는 파운데이션에만 놓을 수 있으며 파운데이션은 같은 무늬의 오름차순으로 쌓는다.

⑥ 배치된 카드 일곱 장은 서로 내림차순 결합한다.

⑦ 빈칸이 생기면 덱으로 채운다.

⑧ 덱에서 플레이 할 수 없는 카드들은 탈론을 형성하며, 탈론에 퀸 카드가 몇 장 들어가나 확인하여 덱이 소진되면 탈론의 퀸 하나당 세 장씩 묶어서 다시 딜 할 수 있다.

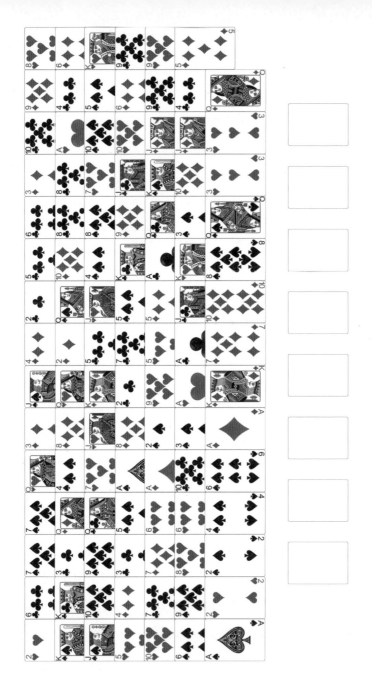

♠ 열다섯 장 *The Fifteen*

♡ 필요한 카드: 두 벌

◇ 규칙

I. 일곱 번째, 즉 가장 아래 열에 있는 카드만 사용할 수 있으며, 해당 카드가 제거될 때 그 위 열 카드가 해제되어 사용할 수 있다. 그 아래 열에서 덮고 있는 다른 카드가 있는 카드는 어떤 경우에도 사용할 수 없다. 그러나 이 규칙에는 게임을 진행할 수 없는 경우를 대비해 한 가지 예외가 있다. ♣ 플레이 내용을 참조하라.

II. 각 파운데이션은 반드시 규칙을 따라야 한다.

♣ 플레이

카드 덱 전체를 왼쪽에서 오른쪽으로 가로로 줄을 지어 각각 열다섯 장씩 딜 합니다. 단 맨 마지막 카드 줄은 열네 장으로 구성됩니다.

각 수직 열은 위 열을 부분적으로 덮습니다. 에이스 네 장과 킹 네 장이 파운데이션 카드가 되며, 에이스는 오름차순으로 킹까지 올라가고 킹은 내림차순으로 에이스까지 내려갑니다. 딜이 완료되고, 가장 아랫줄에서 파운데이션 카드가 나오면(규칙 I), 바로 그 카드를 파운데이션 자리로 할당된 공간에 놓습니다. 그밖에 적당한 카드가 있으면 규칙 I에 따라 오름차순과 내림차순으로 결합합니다. 그러나 파운데이션 카드가 없어서 시작조차 할 수 없다면, 여섯 번째 줄에서 에이스와 킹이 하나라도 나오면 파운데이션으로 이동시키고(규칙 I 참고), 그 카드들을 차단하던 아래 카드들로 바로 빈칸을 채울 수 있습니다. 이 자원조차 사용할 수 없는 경우 게임은 이미 실패한 것이며 리딜은 불가능하고 더 이상의 규칙 위반도 허용되지 않습니다.

하나 이상의 파운데이션이 세워지면, 배치된 카드를 주의 깊게 살펴보고 사용 가능한 모든 카드를 결합한 다음, 이러한 변화를 통해 파운데이션에 적합한 카드를 최대한 많이 방출하여 한 줄 이상의 수직 열을 비우도록 노력해야 합니다. 빈 열에는 사용 가능한 카드를 선택해 열의 맨 위에 놓고 그 아래에 같은 무늬의 시퀀스로 카드를 배치할 수 있으며, 각 카드는 원래 딜에서와 같이 앞의 카드를 부분적으로 덮습니다.

이러한 빈 열을 사용하여 이전에 만든 순서를 뒤집을 수도 있습니다. 10으로 시작하여 3으로 끝나는 순서가 있다고 가정하면, 파운데이션 중 하나에 10이 필요할 때, 3을 줄 맨 위에 놓고 10이 가장 낮거나 사용 가능한 카드가 될 때까지 다른 카드를 그 뒤에 놓습니다.

이론적으로는 간단하지만 실제로 플레이 하기는 매우 어렵습니다. 순서가 계속 바뀌기에 조합은 무궁무진하며 세심한 주의가 필요합니다. 성공 여부는 주로 빈 열에 달려 있기 때문에, 그 자리를 채울 카드를 한 장만 가지고 있을 때는 새로운 조합으로 다른 열을 비울 수 있을 때까지 채우지 않는 것이 현명합니다.

리딜은 하지 않으며 한 번의 게임으로 끝납니다.

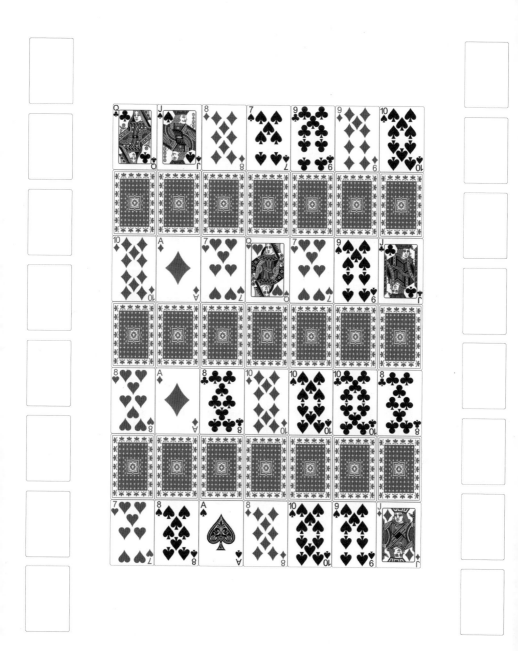

♠ 올가 *The Olga*

♡ 필요한 카드: 네 벌

◇ 규칙

I. 파운데이션은 같은 무늬로 만든다.

II. 화단의 각 카드는 바로 밑에 있는 카드를 제거하자마자 표면을 볼 수 있게끔 펼쳐야 한다. 그렇게 펼쳐진 카드를 사용할 수 있다.

III. 화단의 카드는 서로 내림차순으로 배치될 수 있는데(그리고 덱 또는 탈론의 카드가 화단에 시퀀스로 배치될 수 있음) 반드시 서로 다른 색상, 예를 들어 붉은색 9 다음에는 검은색 8을 배치하는 식으로 이뤄져야 한다.

♣ 플레이

덱에서 숫자 2~6에 해당되는 카드들을 모두 뺍니다. 그리고 가로 세로 일곱 줄씩 총 마흔아홉 장의 카드를 딜 합니다. 이것을 **화단Flower-bed**이라고 합니다. 첫 번째 행은 카드가 표면을 드러내고, 두 번째 행은 카드를 덮고, 이를 교대로 번갈아 가며 배치하여 일곱 번째 행이나 마지막 행은 표면이 드러나도록 합니다. 공간이 부족하면 각 카드들은 위 열의 카드를 절반씩 덮을 수 있습니다.

파운데이션은 열여섯 장의 에이스로 구성되어야 하며, 다음 숫자인 7을 거쳐 오름차순으로 킹까지 카드를 올립니다(규칙 I). 화단이 완성되었을 때 가장 아랫줄에 에이스가 나타나면 파운데이션으로 할당된 공간으로 이동시키고, 또한 2나 다른 적합한 카드도 마찬가지로 플레이 합니다. 플레이 한 카드의 위쪽 카드는 뒤집어 표면이 드러나게 합니다. 화단에서 사용 가능한 카드(규칙 II)는 서로 내림차순으로 배치될 수 있는데, 서로 다른 색상(규칙 III)으로 배치되어야 합니다. 한 패에서 다른 패로 옮길 수 있으며, 이를 신중하게 수행하는 것에 게임의 성공 여부가 달려 있습니다. 덱이나 탈론 카드도 화단 카드에 내림차순으로 배치할 수 있습니다(규칙 III). 만약 화단에 카드를 배치하는 것이 파운데이션에 두는 것보다 유리할 것 같으면, 그 카드를 파운데이션에 반드시 놓아야 할 의무는 없습니다.

 전체 덱을 계속 딜 하고, 파운데이션을 만들고, 화단에 배치하고, 부적합한 카드는 탈론을 형성합니다. 수직으로 늘어선 카드 열 전체를 제거하는 데 성공하면, 맨 위의 빈칸은 화단의 사용 가능한 카드로 채울 수 있으며, 해당 카드에는 다른 행과 같은 시퀀스(규칙 III)가 배치될 수 있습니다.

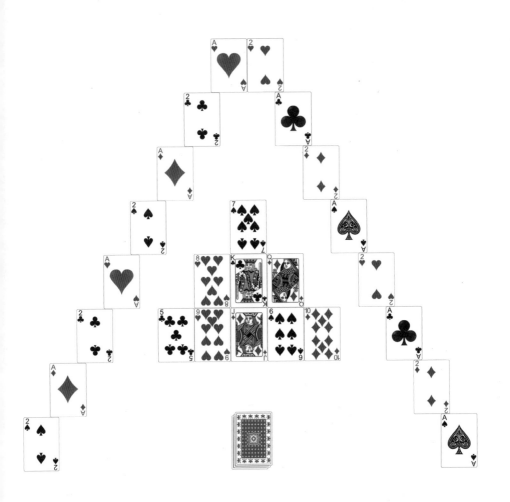

♠ 올림푸스산 Mount Olympus

♡ 필요한 카드: 두 벌

◇ 규칙

I. 파운데이션과 포대는 같은 무늬로 만들어진다.

II. 파운데이션 카드는 숫자 하나씩을 걸러서 오름차순으로 쌓는다. 즉 에이스는 홀수인 3, 5, 7 등으로 킹으로 끝날 때까지 올라가고, 2는 짝수인 4, 6, 8 등으로 퀸으로 끝날 때까지 올라간다(잭은 11, 퀸은 12로 취급된다).

III. 카드는 포대에 숫자 하나씩을 걸러서 내림차순으로 배치될 수 있다. 따라서 9 위에 7, 7 위에 5, 퀸에 10, 8 등이 배치된다.

IV. 포대의 맨 위 카드만 사용할 수 있으며 맨 위 카드를 제거하면 아래 카드가 해제되어 사용할 수 있다.

♣ 플레이

덱에서 여덟 장의 에이스와 여덟 장의 2 카드를 빼내어, 그것들을 그림과 같이 피라미드 형태로 배치합니다. 이것들은 각각 킹과 퀸으로 끝날 때까지 번갈아 올라가는 파운데이션입니다(규칙 I과 II).

다음으로 그림과 같이 아홉 장의 카드를 놓으며, 이것을 포대砲臺라고 합니다. 포대 카드는 파운데이션 위에 놓을 수도 있고, 또한 내림차순으로 숫자 하나씩을 걸러서 시퀀스를 만들 수도 있습니다(규칙 I, III, IV.). 플레이에 적합하지 않은 카드는 탈론을 형성합니다. 피라미드에 카드를 놓고, 카드를 포대에 배치하고, 덱이나 탈론으로 빈칸을 채우는 등의 방식으로 전체 덱을 계속 딜 합니다.

게임이 성공하면 피라미드가 킹과 퀸이 번갈아 가며 형성됩니다.

탈론은 모아서 한 번 더 리딜 할 수 있습니다.

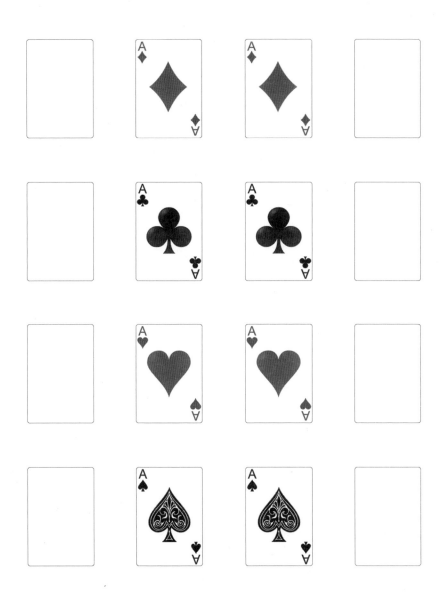

♠ 왕들 *The Kings*

♡ 필요한 카드: 두 벌

◇ 규칙

I. 파운데이션은 같은 무늬로 만들어지지 않아도 되며, 열에 시퀀스로 배치되는 카드들도 마찬가지다.

II. 각 열 그룹의 **외부 카드**만 사용할 수 있으며, 그 카드가 제거됨으로써 다음 카드가 해제되지 않는 한, **외부에 다른 카드가 있는** 카드는 사용할 수 없다는 원칙이 있다. 여기서 '외부'란 오른쪽 그룹의 가장 오른쪽에 있는 카드와 왼쪽 그룹의 가장 왼쪽에 있는 카드를 의미한다.

III. 카드 딜이 진행되는 동안 **어떤 카드도** (어느 한쪽 그룹의) 파운데이션과 **같은 수평선에 있지 않는 한** 파운데이션에 둘 수 없다. 카드 전체 딜이 완료되면 이 제한은 종료된다.

♣ 플레이

덱에서 에이스 여덟 장을 꺼내 두 열로 배치하고, 그림에서처럼 같은 무늬가 나란히 놓이도록 합니다.

여덟 장의 에이스는 파운데이션을 형성하며, 이 파운데이션은 오름차순으로 킹까지 올라갑니다(규칙 I). 파운데이션의 양쪽에는 각각 네 장의 카드 열을 놓고, 이 카드들 중 파운데이션에 사용할 수 있는 적합한 카드가 나오면 **규칙 III**에 따라 그 카드를 바로 파운데이션으로 내보내고 덱에서 다음 카드로 교체합니다. 덱이 모두 소진될 때까지 오른쪽과 왼쪽으로 번갈아 가며 연속적으로 딜 하여 여덟 개의 에이스를 가운데 두고 양쪽에 카드 네 장씩으로 이뤄진 두 그룹의 열을 형성합니다. 혼동을 피하기 위해서 먼저 왼쪽, 다음 오른쪽 식으로 일정한 순서로 만드는 것이 가장 좋습니다.

카드를 딜 할 때, 각 카드가 놓일 때마다 먼저 놓인 행의 카드가 차단되므로(규칙 II) 규칙 III에 따라 적합한 카드가 나오면 절대 플레이를 생략해서는 안 되며, 카드를 딜 하는 동안에는 안쪽 열의 카드를 사용할 수 없습니다(규칙 II).

덱이 모두 소진되면, 배치된 상태를 살펴보고 사용 가능한 카드를 모두 사용할 수 있으며(규칙 II), 같은 수평선에 있는 파운데이션에만 들어갈 수 있다는 제한은 사라집니다. 이제 두 그룹의 외부에 오름차순과 내림차순 시퀀스(규칙 I)를 모두 만들 수 있으며(규칙 II), 이러한 시퀀스들은 한 패에서 다른 패로 옮겨져 파운데이션을 만들어야 하므로 반전될 수 있습니다. 카드의 가로줄 전체가 제거된 경우, 그렇게 형성된 빈 레인 안쪽 끝에 사용 가능한 카드를 놓을 수 있으며, 다른 카드와 마찬가지로 그 위에 시퀀스를 놓을 수 있습니다.

리딜은 하지 않으며 한 번의 게임으로 끝납니다.

참고_규칙 III에 언급된 제한이 딜이 완료되면 종료되는지 여부는 원본에서는 명확하지 않지만, 이 게임은 매우 어려운 게임이므로 긍정적인 해석이 좋다고 봅니다.

[플레이 예시: 딜]

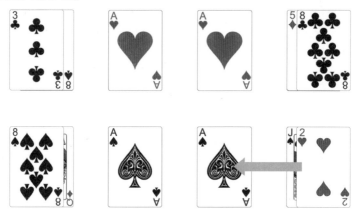

딜 하는 중에 파운데이션에 오름차순으로 적합한 카드가 나오면 바로 옆의 파운데이션에 놓는다. 파운데이션은 무늬와 상관 없이 만들 수 있다.

[플레이 예시: 딜이 끝난 후]

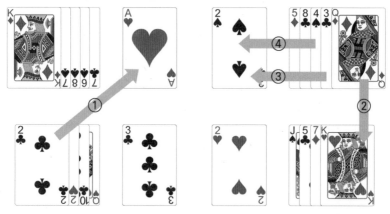

① 딜이 끝난 후에는 오름차순으로 파운데이션에 적합한 카드는 어떤 파운데이션에든 놓을 수 있다.

② 딜이 완료된 카드들끼리는 내림차순으로 결합이 가능하다.

③ 결합으로 해제된 적합한 카드는 파운데이션에 놓을 수 있다.

④ 해제된 적합한 카드를 파운데이션에 놓는다.

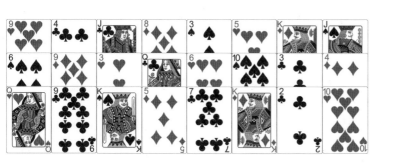

♠ 의회 *The Congress*

♡ 필요한 카드: 두 벌

◇ **규칙**

I. 파운데이션은 같은 무늬로 만들어진다.

II. 강 카드는 도움 카드와 내림차순으로 결합할 수 있지만 **그 반대는 안 된
다.**

III. 도움 패 안의 카드들은 서로 내림차순으로 결합할 수 있으며 강에서 온
카드와도 결합할 수 있다.

IV. 도움 패에서는 맨 위 카드만을 사용할 수 있으며 사용하는 순간 아래 카
드가 해제된다.

V. 강의 각 줄의 카드는 앞선 카드를 차단하지만, 차단하는 카드를 제거하
면 앞선 카드가 해제되어 사용할 수 있다.

♣ 플레이

덱에서 여덟 장의 에이스를 추출해서 오른쪽에 두 개의 열로 배치합니다. 이것들은 킹까지 오름차순으로 올라가는 파운데이션입니다(규칙 I). 다음으로 네 장의 카드를 가로로 딜 하는데 이를 **도움 카드**Help Card라고 부르며, 딜 할 때 도움 카드 위에 다른 카드들이 배치될 공간을 충분히 남깁니다. 다음으로 그 맨 위쪽에 여덟 장의 카드를 가로줄로 놓습니다. 이는 **강**Rivers이라고 불리는 카드 패의 시작입니다. 강 카드로는 파운데이션에 적합한 카드를 쌓거나 도움 카드에 내림차순으로 결합하며(규칙 II), 빈칸은 즉시 덱에서 채웁니다. 그리고 다음으로 도움 카드를 파운데이션에 쌓고, 규칙 III에 따라 서로 결합합니다.

이렇게 하여 활용 가능한 모든 카드를 플레이 했으면, 추가로 강에 여덟 장의 카드를 연속적으로 딜 하고 각 행은 앞의 카드를 부분적으로 덮음으로써 일시적으로 차단합니다(규칙 V). 딜을 할 때 해당 행의 딜이 완료될 때까지는 어떤 행의 카드도 사용할 수 없습니다. 각 행의 배치를 완료한 후에는 잠시 멈춰 배치된 카드들을 검토하고, 모든 적합한 카드를 플레이 하고 결합한 후, 강과 도움 카드에 생긴 빈칸은 덱에서 채웁니다. 강의 빈칸을 채울 때는 맨 위에 드러난 부분을 먼저 채워야 합니다.

전체 덱이 모두 소진되면 플레이어의 기술이 필요해집니다. 이제 네 개의 도움 카드 패가 여덟 패로 증가할 수 있습니다. 이를 위해 강에서 사용 가능한 네 장의 카드를 선택하여 기존과 같은 기능을 가진 새로운 도움 카드 패를 시작할 수 있으며 이들은 같은 줄에 배치해야 합니다. 플레이어는 해당 패에 대한 자신의 재량을 사용할 수 있습니다. 그는 네 장의 새로운 도움 카드를 한 번에 배치할 의무가 있지는 않기에, 필요한 만큼만 배치할 수 있는 것입니다. 따라서 게임 진행 중에 필요한 카드가 차단되었을 수도 있는 강에서 쓸 만한 카드를 가져올 수 있도록 새로운 네 개의 도움 카드 패가 놓일 공간 중 하나 또는 두 개를 비워두는 것이 가장 좋습니다. 도움 카드 패가 완전히 소진되면 강에서 온 카드로 빈칸을 채울 수 있지만, 도움 카드 패의 수가 여덟 개를 초과하면 안 됩니다.

리딜은 불가합니다.

참고_그림에는 강이 세 줄만 만들어져 있습니다.

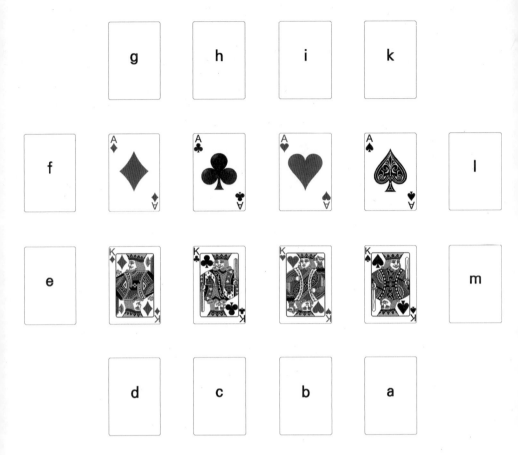

♠ 인내왕 루이 *The "Louis" Patience*

♡ 필요한 카드: 두 벌

◇ 규칙

I. 파운데이션은 알파벳 카드와 마찬가지로 같은 무늬로 만들어진다.

II. 딜을 진행하는 동안 알파벳의 각 사각형은 먼저 깔린 사각형을 차단하지만, 딜이 모두 완료되고 알파벳에서 카드를 제거하면 아래 사각형에 있는 카드가 해제되어 사용할 수 있다.

♣ 플레이

각각 다른 무늬인 네 장의 에이스와 네 장의 킹 들을 덱에서 꺼내어 그림과 같이 배치합니다. 에이스들은 킹까지 오름차순으로 올라가고, 킹들은 에이스까지 내림차순으로 내려갑니다(규칙 I).

다음으로 열두 장의 카드를 딜 하는데, 파운데이션 바깥쪽에 사각형 모양으로 놓습니다(그림 참조). 이들 각 카드에는 문자가 적용되며 이 사각형을 **알파벳**Alphabet이라고 합니다. 문자 a부터 딜 하여 m에서 마무리하고, 딜 도중에 나오는 플레이가 가능한 모든 적합한 카드를 사용합니다. 그 다음에 알파벳을 살펴 보고, 적합한 카드가 있으면 플레이 합니다. 그러나 알파벳의 사각형을 딜 하면서 먼저 나온 카드가 차단되기 때문에, 하위 사각형에 있는 카드는 중간에 해제된다 하더라도 전체 덱을 딜 하기 전까지는 사용할 수 없습니다(규칙 II).

다음으로 이전과 같이 a로 시작하여 m으로 끝나는 두 번째 사각형을 첫 번째 알파벳 카드의 상단에 분배합니다. 그리고 각 사각형에 대해 동일한 규칙을 준수하면서 덱이 소진될 때까지 연속적으로 원을 딜 합니다.

전체 덱이 다 딜되고 사용 가능한 모든 카드를 플레이 하였을 때(규칙 II), 알파벳의 사용 가능한 카드들끼리 오름차순과 내림차순으로 모두 결합을 할 수 있습니다. 그리고 더 이상 카드를 플레이 할 수 없거나 결합할 수 없을 때, 알파벳 문자 g로 시작하여 f로 끝나는 순서로 패를 수거합니다. 이런 방식을 통해 패들의 순서가 역전됩니다.

그런 다음, 첫 번째 딜과 동일한 규칙을 준수하여 이전처럼 a에서 시작하여 m에서 끝나는 순서로 카드를 모두 딜 합니다. 두 번째 딜에서 카드가 오름차순 또는 내림차순 파운데이션에 똑같이 적합한 것으로 나타나면 둘 중 하나에 카드를 놓을 수 있으며 오름차순을 내림차순으로 바꾸거나 내림차순을 오름차순으로 바꿀 수 있습니다. 원하는 경우, 카드를 잠시 제쳐두고 게임 진행에 가장 적합한 파운데이션을 그렇게 플레이할 수도 있습니다.

리딜은 세 번 할 수 있습니다.

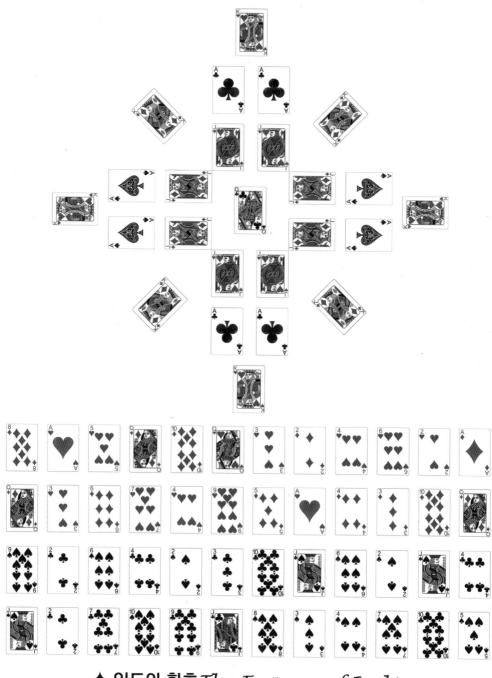

♠ 인도의 황후 *The Empress of India*

♡ 필요한 카드: 네 벌

◇ 규칙

I. 육군과 해군의 모든 카드는 쌍으로만 동시에 사용할 수 있으며(예: 검은색 카드 한 장과 붉은색 카드 한 장), 양쪽 카드가 파운데이션에서 동시에 사용되지 않으면 어느 색상의 카드도 파운데이션에 놓을 수 없다.

II. 육군과 해군의 빈칸은 탈론에서, 탈론이 없는 경우라면 덱에서 같은 색상의 카드로 즉시 채워야 한다.

III. 덱 또는 탈론의 카드는 바로 파운데이션에 사용할 수 없으며, 먼저 육군 또는 해군을 통과해야 사용할 수 있다.

IV. 탈론은 두 패로 만들어지며 하나는 붉은색, 다른 하나는 검은색 카드 패다.

V. 파운데이션은 반드시 같은 무늬로 만들어져야 한다.

♣ 플레이

덱에서 검은색 에이스 여덟 장과 검은색 퀸 여덟 장, 붉은색 킹 여덟 장, 붉은색 잭 여덟 장을 꺼냅니다.

스페이드 퀸 네 장과 클럽 퀸 세 장을 옆으로 치우고 그림의 윗 부분과 같이 남은 카드들을 놓습니다.

그림을 보면 남은 검은색 퀸인 클럽 퀸은 중앙에 배치되어 황후가 되고, 잭 여덟 장은 그 주변에 배치된 영국 경비병이 됩니다.

검은색 에이스 여덟 장과 붉은색 킹 여덟 장은 파운데이션 카드이며,

에이스 자리에는 제독을 상징하는 킹까지 오름차순으로, 킹 자리에는 장군을 상징하는 에이스까지 내림차순으로 쌓입니다.

참고_붉은색 시퀀스에서는 잭을, 검은색 시퀀스에서는 퀸을 생략해야 합니다.

그리고 그 아래에 각각 열두 장의 카드를 수평으로 네 줄을 놓는데, 그중 위쪽 두 줄은 붉은색(육군), 아래쪽 두 줄은 검은색(해군) 카드로 구성합니다. 이때 덱에서 카드 패를 구성할 때, 붉은색을 예로 들면 붉은색의 두 줄이 완료된 후에 다음으로 검은색 패를 만들 때 붉은색 카드가 더 나오면 그 카드들은 탈론으로 보내야 합니다(규칙 IV).

이처럼 육군과 해군의 카드 배열이 완료되고, 그중에 파운데이션에 사용 가능한 적합한 카드 쌍이 있으면(규칙 I) 사용하고(물론 첫 번째 카드 쌍은 검은색 2와 붉은색 퀸이어야 함), 그로 인해 생긴 빈칸을 채우십시오. 하지만 빈칸이 없으면 카드 쌍을 만들어 계속 플레이 할 수 있습니다. 육군의 모든 카드는 해군의 모든 카드에 장착할 수 있고 그 반대도 가능하지만, 그렇게 짝을 이룬 카드는 나중에 분리할 수 없으며, 각각의 파운데이션에 동시에 사용해야 합니다. 그리고 빈칸은 즉시 채워져야 합니다(규칙 II).

각 카드는 한 번만 짝을 지을 수 있습니다.

카드를 짝 지을 타이밍은 선택할 수 있습니다. 예를 들어, 파운데이션 중 하나에 클럽 10이 필요한 경우, 클럽 10이 탈론의 맨 위에 올라 올 때까지 해군에 빈칸을 만드는 것을 연기할 수 있습니다. 사용 가능한 모든 카드를 플레이 한 후, 나머지 덱을 딜 합니다. 빈칸을 채울 필요가 없는 카드는 두 개의 탈론 패에 담습니다(규칙 IV).

리딜은 하지 않으며 한 번의 게임으로 끝납니다.

[플레이 예시]

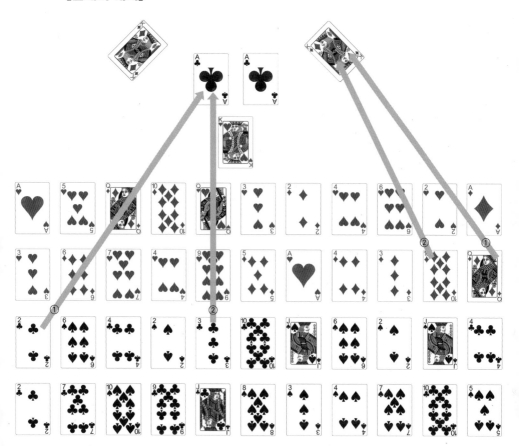

① 위쪽 두 행(육군)에서 파운데이션에 적합한 카드 한 장, 아래쪽 두 행(해군)

에서 파운데이션에 적합한 한 장을 짝을 지어서 동시에 각각의 파운데이션에

놓는다. 발생한 빈칸은 바로 덱에서 채우되, 붉은색 카드 칸에 놓아야 할 차례

에 검은색 카드가 나오면 탈론으로 보내며 그 반대도 마찬가지다.

② ①과 동일하게 진행하는데, 붉은색 카드의 경우 잭 카드가 이미 모두 배치

된 상황이므로 다이아 잭 카드를 건너뛰어 다이아 10을 놓는다.

♠ 적과 흑 *Red and Black*

♡ 필요한 카드: 두 벌

◇ 규칙

I. 파운데이션은 같은 무늬로 만들어진다.

II. 카드는 내림차순으로 의용병에 배치될 수 있는데, 색상이 교차적으로 배치되어야 한다. 예를 들어 검은색 4(그림 참조)에는 붉은색 3, 검은색 2 등이 배치된다.

122

♣ 플레이

여덟 장의 에이스를 덱에서 빼서 가로줄로 색깔을 번갈아 가며 배치합니다(그림 참조). 이것들이 파운데이션이 되어 킹까지 오름차순으로 올라갑니다(규칙 I).

다음으로 여덟 장의 카드를 나누어 파운데이션 아래에 배치합니다. 이 줄의 카드를 **의용병**Volunteers이라고 합니다. 의용병을 검토하여 적합한 카드를 모두 파운데이션에 놓고 빈칸이 생기는 즉시 손에 든 카드로 빈칸을 채웁니다. 그렇게 하여 더 이상 플레이 할 수 없을 때는 규칙 II를 엄격하게 따라서 의용병 카드에 내림차순 시퀀스를 구성하고, 다시 적합한 모든 카드를 플레이 합니다. 그리고 덱이 소진될 때까지 카드를 딜 하고, 파운데이션에 카드를 놓거나 의용병에 순서대로 배치하고, 계속적으로 빈칸을 채웁니다. 적합하지 않은 카드는 탈론을 형성합니다.

덱이 다 소진되면 탈론을 섞은 후 한 번 더 리딜 할 수 있습니다.

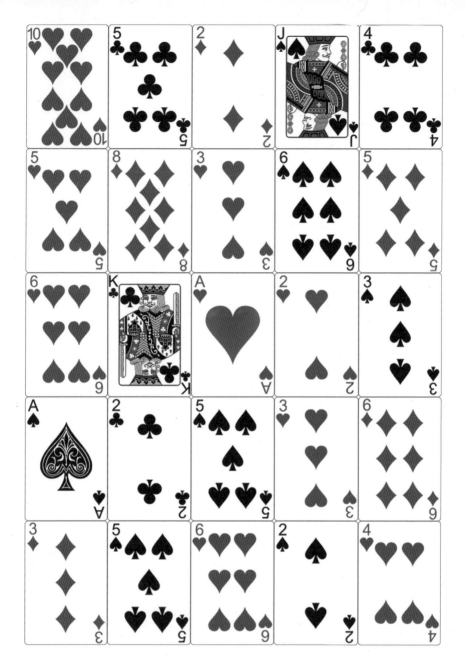

♠ 제14 *The Fourteenth*

♡ 필요한 카드: 두 벌

♣ 플레이

한 줄에 각각 다섯 장의 카드로 된 다섯 줄로 총 스물다섯 장의 카드를 놓습니다. 게임의 목표는 수직 또는 수평 줄에서 가져온 두 장의 카드로 숫자 14를 구성하는 것입니다. 잭은 11, 퀸은 12, 킹은 13입니다. 이렇게 짝을 이룬 카드는 제거하고 그 빈칸은 손에 든 덱으로 채웁니다.

게임이 진행되는 동안 숫자 14를 구성할 수 없는 경우, 한 번의 기회가 주어집니다. 두 장의 카드를 적절한 위치에서 가져와 다른 두 장의 카드와 바꿀 수 있는 것입니다. 그리고 이 교환을 통해 하나 이상의 14를 만들어야만 플레이어가 게임의 성공을 확보할 수 있습니다. 전체 카드가 짝을 이루는면 성공입니다.

그림에서는 한 번에 세 개의 14가 구성될 수 있습니다. 하트 10과 클럽 4, 하트 3과 스페이드 잭, 다이아몬드 8과 스페이드 6이 그것입니다.

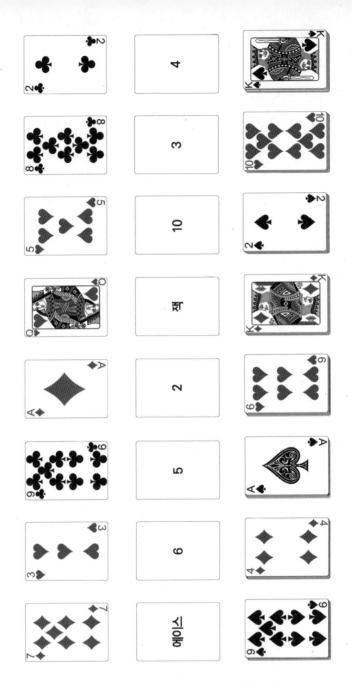

♠ 중요한 13 *The Great Thirteen*

♡ 필요한 카드: 두 벌

◇ 규칙

I. 각 그라운드 패의 맨 위 카드만을 사용할 수 있으며 맨 위 카드를 사용함으로써 제거되면 아래 카드가 해제된다.

II. 게임의 전개에서 그라운드 패에서 나온 카드가 숫자 카드 줄의 빈칸(그라운드 패가 숫자 라인에 필요한 합계 숫자 카드를 내지 못할 때 발생함)을 채우기 위한 목적과, 추가 과정을 위한 목적에 동시에 적합한 카드라면, 빈칸을 채우는 것을 우선시해야 한다.

III. 첫 번째 단계에서 그라운드 패를 딜 할 때 정확한 위치를 확인하기 위해 1번부터 8번까지 순차적으로 정의하는 것이 좋다. 게임의 끝에서 그라운드 패를 리딜 할 때 1번부터 8번까지 세서, 패가 소진되어 생긴 빈칸은 있는지 등 각 공간에 카드가 있는지 없는지 등을 따져서 순차적으로 딜 해야 한다. 카드 패 또는 빈칸도 같은 방식으로 다뤄야 한다.

♣ 플레이

꽤 어려운 게임이고, 많은 주의를 요합니다. 무엇보다도 파운데이션 카드가 없다는 게 특징입니다.

열세 장의 카드로 한 패씩 만들어 총 여덟 패를 가로로 딜 합니다. 이를 **그라운드Ground** 패라고 합니다. 딜은 왼쪽에서 오른쪽으로 이뤄집니다(규칙 III). 만약 이 첫 번째 딜에서 킹 카드가 나오면 빼서 그 킹 카드가 속한 그라운드 패 아래에 놓는데, 이는 첫 번째 딜에서만 수행합니다. 여덟 개의 그라운드 패의 딜이 끝나면, 각 패의 맨 위 카드를 빼서 위에 가로줄로 놓습니다. 이 라인을 **발코니Balcony**라고 부릅니다. 발코니

와 그라운드 패 사이에 숫자 패 가로줄이 들어갈 공간을 남겨 놓도록 하십시오(그림 참조). 이제 발코니에 있는 각 카드의 숫자를 세어 그 **두 배로** 계산합니다(잭은 11, 퀸은 12, 킹은 13). 게임이 성공하면 각 숫자 패가 종료됩니다. 만약 그라운드 패(규칙 I)에 있는 카드가 발코니 카드의 두 배 값에 해당하는 경우, 그 카드(그라운드 카드)를 발코니 카드 바로 아래에 놓으면 숫자 패가 시작됩니다.

예(그림 참조)_빈 숫자 카드 자리에서의 숫자 6은 3 아래에, 4는 2 아래에 놓습니다. 그리고 만약 어떤 발코니 카드의 값을 두 배로 했을 때 그 값이 13을 초과하면, 그 값에서 13을 뺀 값이 바로 아래에 놓을 카드의 값이 됩니다.

예_에이스(숫자 카드 자리)는 발코니 카드 7 아래에 놓이는데, 7의 두 배인 **14는 13을 뺀 1로** 취급되기 때문입니다. 잭은 퀸 아래에 배치되며, 퀸의 가치인 12의 두 배인 24에서 13을 빼면 11이어서 그렇습니다. 8 아래에는 3을 배치하는데, 이는 8의 두 배인 16은 13을 뺀 3으로 취급되기 때문입니다.

그라운드 패가 방금 말한 계산에 따라 숫자 카드 자리에 적합한 카드를 내지 못하면, 숫자 줄에 빈칸이 남아야 하며, 이 빈칸은 게임이 진행됨에 따라 채워집니다(규칙 II).

그라운드 패에서 적합한 카드를 모두 숫자 줄로 옮겼다면, 다음 과정은 **덧셈**입니다. 숫자 줄에 있는 각 카드의 값은 그 바로 위에 있는 발코니 카드의 값에 **더하여,** 이렇게 더한 값에 해당하는 카드를 다시 그라운드 패에서 숫자 줄로 옮겨야 합니다. 이때 그라운드 패에서 가져온 카드는 항상 그 값이 더해진 발코니 카드 바로 아래에 있는 숫자 줄에 놓아야 합니다.

따라서 **덧셈**으로 게임을 계속할 때 숫자 줄의 에이스 카드가 있는 칸에는 8을, 잭에는 10을 놓습니다. 전자의 경우 1과 7이 더해져 8이 되고, 후자의 경우 11(잭)과 12(퀸)가 13보다 10이 많은 23이 되므로, 두 카드의 합은 **13을 뺀 10이 됩니다.**

이 단계에서 빈칸을 채울 수도 있으면서 숫자 칸의 덧셈 묶음을 이어가는 데 적합하기도 한 그라운드 패의 카드가 나오면, 빈칸을 채우는 것이 우선 순위가 되어야 합니다(규칙 II). 두 장 이상의 그라운드 패 카드가 똑같이 적합할 경우 원하는 카드를 선택하면 되며(규칙 I), 그 밑에 있는 해제될 카드를 참고하여 선택할 수 있습니다.

더 이상 진행이 불가능할 경우, 세 번째이자 마지막 과정은 다음과 같습니다. 맨 왼쪽에 있는 그라운드 패 중 첫 번째 패를 가져 옵니다(규칙 III). 1번 패가 모두 사용되었다면 다음 패인 2번 패를 가져오는 식으로 진행합니다. 패를 뒷면이 위로 오게끔 아래로 뒤집은 다음, 그 오른쪽에 있는 다음 패부터 시작하여(1번을 딜 하는 경우 2번부터 놓기 시작하면 됩니다) 다른 그라운드 패에 카드 앞면이 위쪽을 향하게 딜 하며, 이때 규칙 III에 규정된 방법을 정확하게 따릅니다. 그렇게 8번까지 딜을 한 후, 패가 남았으면 돌아가 1번부터 다시 시작하여 가지고 있는 패가 모두 소진될 때까지 딜(규칙 III)을 계속합니다. 그런 다음 다음 패를 가져와서 같은 방식으로 오른쪽부터 시작하여(예를 들어 3번을 딜 하는 경우 첫 번째 카드를 4번에 놓습니다), 모든 패가 소진될 때까지 각 패를 계속 딜 합니다. 각 딜 사이에 잠시 멈춰서 패를 살펴보고 추가 조합을 한 다음, 리딜에서 발생한 적합한 카드를 숫자 줄에 놓습니다. 그러나 숫자 줄에 카드를 놓기 전에는 각 그라운드 패의 리딜이 완료되어야 합니다.

모든 그라운드 패를 리딜 한 후 숫자 패가 모두 킹(13)으로 끝나지 않으면 게임은 실패한 것입니다.

[플레이 예시: 첫 번째 딜 후]

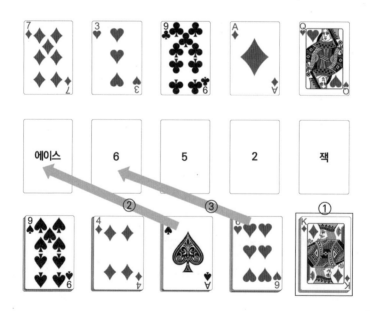

① 그라운드 패의 첫 딜에서 킹 카드가 나오면 해당 패의 맨 밑에 넣는다.

② 발코니의 다이아 7에 2를 곱하면 14가 되는데, 여기서 13을 빼면 1이 되므로 그라운드 패에서 숫자 패에 배치될 숫자 카드는 에이스(1)다.

③ 발코니의 하트 3에 2를 곱하면 6이 되므로 그라운드 패에서 숫자 패에 배치될 숫자 카드는 6이다.

[플레이 예시: 첫 번째 숫자 줄 놓은 후]

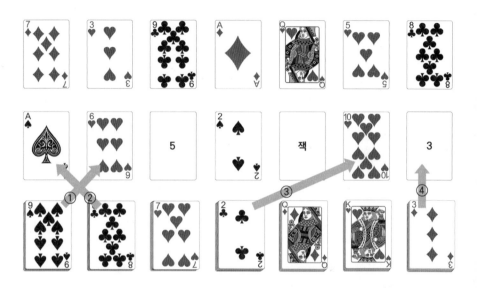

① 발코니 줄의 하트 3과 숫자 줄의 하트 6을 더하면 9가 되므로 그라운드 패의 스페이드 9를 해당 숫자 줄에 놓는다.

② 발코니 줄의 다이아 7과 숫자 줄의 스페이드 에이스를 더하면 8이 되므로 그라운드 패의 클럽 8을 해당 숫자 줄에 놓는다.

③ 발코니 줄의 하트 5와 숫자 줄의 하트 10을 더하면 15가 되고 거기서 13을 빼면 2가 되므로 그라운드 패의 클럽 2를 해당 숫자 줄에 놓는다.

④ 발코니 줄의 다이아 에이스와 숫자 줄의 스페이드 2를 더하면 3이 되므로 그라운드 패의 다이아 3을 해당 숫자 줄에 놓을 수 있지만, 숫자 줄의 빈칸들 중 3이 필요한 칸이 있으므로 빈칸에 우선하여 놓는다.

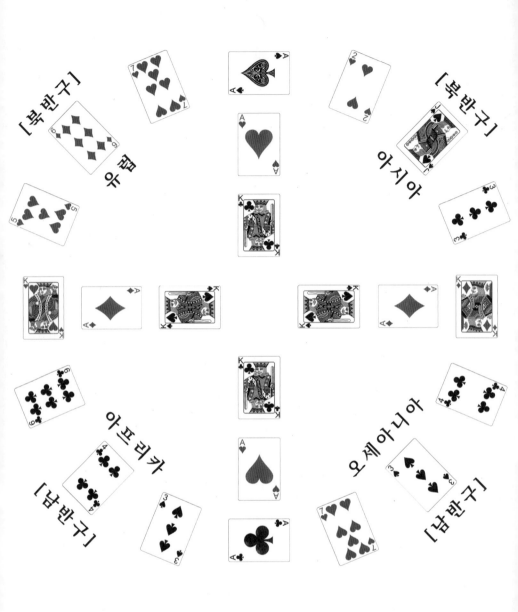

♠ 지구의 반구 *The Hemispheres*

♡ 필요한 카드: 두 벌

◇ 규칙

I. 해당 반구에 속한 카드만 사용할 수 있다.

II. 잘못 배치된 색의 카드는 기회가 있을 때마다 그 카드가 해당되는 반구로 **교환**할 수 있으며, 게임 종료 시 모든 카드가 딜되고 탈론이 모두 소진되면 교환 없이 **전송**할 수 있다.

III. 카드는 자신의 종족에 속한 카드하고만 결합할 수 있지만, 탈론의 카드는 모든 종족의 카드와 결합할 수 있다.

IV. 장벽은 파운데이션을 완성하기 위해 플레이 한 후 게임이 끝날 때까지 이동할 수 없다.

V. 모든 파운데이션은 반드시 같은 무늬로 만들어져야 한다.

♣ 플레이

덱에서 붉은색 에이스 네 장과 검은색 킹 네 장을 꺼내 그림과 같이 놓습니다. 그런 다음 하트 킹과 다이아몬드 킹, 클럽 에이스와 스페이드 에이스를 그림에서처럼 먼저 이뤄진 카드 배열에 대해 **교차된 상태**로 놓습니다. 후자의 네 장의 카드는 **장벽Barriers**이라고 하며, 각각 종족을 나누는 역할을 합니다.

전자의 네 장의 붉은색 에이스와 검은색 킹이 파운데이션 카드가 되며, 에이스는 킹까지 오름차순으로 올라가고, 킹은 에이스까지 내림차순으로 내려갑니다.

유럽인과 아시아인을 상징하는 붉은색 카드는 북반구에, 오세아니아

인과 아프리카인을 상징하는 검은색 카드는 남반구에 있어야 합니다. 하지만 카드를 딜 하고 빈 카드를 다시 채울 때 종종 엉뚱한 반구에서 카드가 발견될 수 있으며, **그 카드는 그 상태인 동안에는 어떤 방식으로도 사용할 수 없습니다.**

파운데이션과 장벽을 배치한 후, 각 장벽 사이에 세 장의 카드로 구성된 원을 왼쪽에서 오른쪽으로 (하트 킹부터 시작하여) 나눠 줍니다. 이 카드들은 네 종족을 나타냅니다. 이 종족 카드에서 규칙 I, II, III, V에 따라 활용 가능한 모든 카드를 플레이하고, 결합하고, 교환합니다.

참고_붉은색 무늬 카드는 내림차순으로, 검은색 무늬 카드는 오름차순으로 결합합니다.

이 작업이 끝나면, 덱의 나머지 카드를 딜 해서 우선 종족 카드의 빈칸을 채운 다음(처음 카드를 나눌 때처럼 왼쪽에서 오른쪽으로 진행), 플레이에 적합한 카드는 모두 활용합니다. 나머지는 탈론을 형성하며, 이 탈론의 카드들은 규칙 I과 III에 따라 원 안에 있는 카드와 결합할 수 있습니다.

리딜은 하지 않으며 한 번의 게임으로 끝납니다.

[플레이 예시]

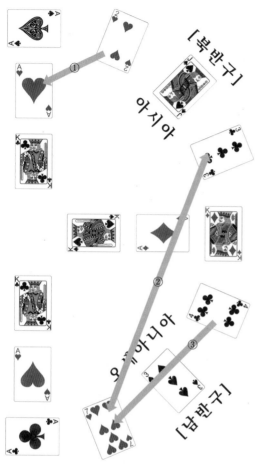

① 종족 카드에서 파운데이션에 적합한 카드가 있으면 파운데이션에 놓는다. 예시에서는 하트 2가 빠지면서 빈칸이 발생했으므로 덱에서 채운다.

② 북반구에는 붉은색 카드로 구성되어야 하지만, 딜 하면서 검은색 카드가 나왔으면 남반구에 있는 붉은색 카드와 교환할 수 있다. 그 반대의 경우도 마찬가지다.

③ 남반구의 종족 카드는 오름차순으로 결합해야 하므로 클럽 3에 클럽 4를 놓는다. 북반구는 그와는 반대로 내림차순으로 결합한다. 빈칸이 발생하므로 덱에서 채운다.

135

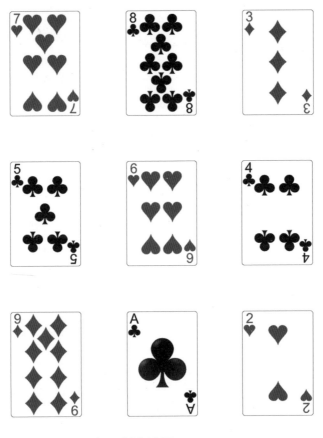

♠ 카이사르*Caesar*

♡ 필요한 카드: 한 벌

♣ 플레이

무늬와는 상관 없이 에이스에서 9까지인 9장의 카드를 덱에서 뽑니다. 이 아홉 장의 카드를 세 장씩 3열로 배치합니다. 그리고 위치를 변경하여 카드들을 수평, 수직, 대각선으로 세어 각 줄에 있는 숫자의 합이 15가 되도록 노력하십시오. 그림에는 세 개의 15가 있지만, 카드를 적절하게 배치하면 여덟 개의 15를 만들 수 있습니다.

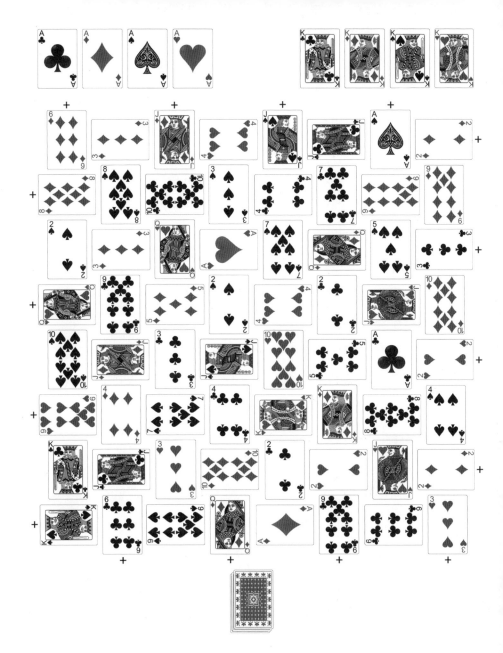

♠ 카펫 *The Carpet*

(크레이지 퀼트Crazy Quilt)

♡ 필요한 카드: 두 벌

I. 파운데이션은 같은 무늬로 만들어진다.

II. 카펫Teppich 위의 카드는 **카드의 좁은 가로 면 중 하나가 막혀 있지 않을 때만** 사용할 수 있다. 카드의 긴 세로 면 **양쪽이** 다른 카드로 막혀 있을 때는 카드를 사용할 수 없다. 그림에서의 십자 표시는 카펫이 딜된 후 사용 가능한 카드를 보여 주기 위한 표시다.

III. 카펫에서 카드를 플레이 했을 때 카드의 좁은 가로 면을 열지 못하면 다음 카드를 해제할 수 없다. 하지만 간접적으로는 게임에 도움이 되고 내부 카드를 사용 가능하게 될 수도 있다.

IV. 탈론이 형성되면 카펫에서 사용 가능한 모든 카드를 탈론의 맨 위 카드에 같은 무늬의 오름차순 또는 내림차순 시퀀스로 배치할 수 있다.

♣ 플레이

네 장의 에이스와 네 장의 다른 무늬의 킹들을 덱에서 따로 뺍니다. 이것들이 파운데이션 카드가 되며 에이스는 오름차순, 킹은 내림차순으로 이뤄지는 일반적인 시퀀스를 이룹니다.

다음으로 64장의 카드를 정확히 그림과 같은 순서와 패턴을 따라 교차해 가면서 딜 합니다. 이것을 카펫(독일어로 **테피치Teppich**)이라고 합니다. 카펫에서 활용 가능한 모든 카드(규칙 I과 II)를 플레이 한 다음, 남은 카드에서 파운데이션에 적합한 카드를 파운데이션에 놓고 부적합한 카드는 탈론을 만듭니다. 탈론이 형성되면, 탈론에 카드를 놓기 전에 카펫을 살펴보십시오. 카펫에서 탈론으로 카드를 놓을 수 있는 특권이 있으므로(규칙 II와 IV), 가능한 경우 항상 그렇게 하는 것이 좋습니다. 비록 그렇게 했을 때 카펫에서 제거되는 카드가 다른 카드를 해제하지 않을 수도 있지만, 카펫에 있는 카드 수를 줄여서 게임의 전개를 돕습니다. 카드를 딜 할 때 더 많은 수의 카드를 탈론에 올려 놓음으로써 카펫을 해방시킬 수 있다면, 적합한 카드를 파운데이션 위에 놓아야 할 필요가 없습니다. 게임의 성공은 주로 카펫에서 카드를 분리하는 것에 달려 있습니다. 그리고 규칙 II를 엄격하게 수행하기 위해선 매우 주의를 기울여야 합니다.

카드의 좁은 가로 면 하나 이상이 열리지 않는 한 어떤 카드도 파운데이션에서 플레이 하거나 탈론 위에 시퀀스로 배치하는 데 사용할 수 없습니다. 하지만 카드들이 제거되면서 중앙에 있는 카드도 수평 또는 수직으로 카드의 좁은 가로 면까지 연결되는 열린 노선을 통해 사용 가능하게 될 수도 있습니다.

탈론은 섞어서 두 번 리딜 할 수 있지만, 세 번째 딜에서는 시퀀스의 배치에 많은 주의를 기울여야 합니다. 어떤 무늬의 파운데이션 하나가 완성되면 카펫으로부터 만들어지는 시퀀스가 **내림차순** 시퀀스를 제외하고는 탈론에 형성되지 않아야 합니다. 하지만, 물론, 탈론을 다룰 때 카드가 잘못된 순서(**오름차순**)로 배치되어야만 한다면 해결책이 없습니다. 그 경우에는 게임이 성공할 수 없습니다.

리딜은 두 번 가능합니다.

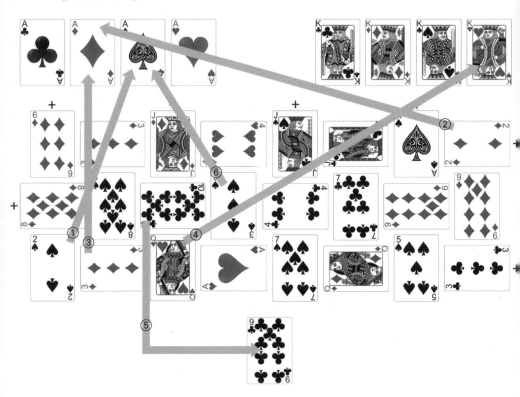

① 스페이드 2를 스페이드 에이스 파운데이션에 놓는다.

② 다이아 2를 다이아 에이스 파운데이션에 놓는다.

③ 해제된 다이아 3을 파운데이션에 놓는다.

④ 해제된 하트 퀸을 하트 킹 파운데이션에 놓는다.

⑤ 더 이상 플레이 할 카드가 없는 상황이라 딜을 했더니 클럽 9가 나왔다. 클럽 9는 적합한 카드로 플레이 할 수 없으므로 탈론이 된다. 탈론이 된 클럽 9에 해제된 클럽 10을 오름차순으로 놓아서 스페이드 3을 해제한다.

⑥ 해제된 스페이드 3을 파운데이션에 놓는다.

♠ 클론다이크 *Klondike*

(캔필드Canfield)

♡ 필요한 카드: 한 벌

♣ 플레이

카드를 섞은 후 첫 번째 카드를 앞면이 위로 향하게 펼쳐 테이블 위에 놓습니다. 이 카드의 오른쪽으로 앞면이 아래로 향하고 뒷면이 보이도록 덮은 여섯 장의 카드를 연속적으로 더 놓습니다. 그리고 뒷면이 보이는 카드들 중 맨 왼쪽에 있는 카드 바로 아래에 카드 한 장을 앞면이 보이게 놓고, 그 오른쪽에 다섯 장을 뒷면이 보이게 놓습니다.

그리고 뒷면이 보이는 카드들 중 맨 왼쪽에 있는 카드 아래에 또 다른 카드를 앞면이 위로 향하게 펼쳐 놓고 그 오른쪽에 네 장을 뒷면이 보이게 놓는 식으로, 일곱 장의 카드 앞면이 위로 향한 상태인 총 스물여덟 장의 카드가 배치될 때까지 계속합니다(그림 참조). 이를 레이아웃이라고 합니다.

레이아웃에 앞면이 펼쳐진 카드들 중 에이스 카드가 있으면 모두 골라내어 파운데이션으로 배치합니다. 이 에이스들은 오름차순으로 쌓여 킹까지 올라갑니다. 레이아웃에 있는 플레이 가능한 카드를 플레이 하고, 그 플레이 한 카드 위 열에 덮인 카드가 있다면 덮인 카드를 뒤집어 앞면을 위로 향하게 합니다. 이렇게 앞면이 위로 펼쳐진 카드는 사용할 수 있게 됩니다.

레이아웃의 카드들은 서로 결합할 수 있으며 시퀀스는 K, Q, J에서 4, 3, 2 등으로 내림차순으로 쌓이는데 빨간색은 검은색 위에, 검은색은 빨간색 위에 놓이는 식으로 번갈아 가며 쌓여야 합니다. 한 열에 앞면이 드러난 카드가 두 장 이상 있는 경우, 모두 함께 이동하거나 이동하지 않아야 합니다. 비워진 열은 오직 킹 카드로만 채울 수 있습니다. 킹 카드 아래로는 다른 열과 동일한 규칙으로 플레이 할 수 있습니다.

배치를 끝내고 남은 덱은 한 번에 한 장씩 뒤집어 앞면을 펼쳐서 사용할 수 있습니다. 배치를 끝내고 남은 덱이나 레이아웃이나 파운데이션 등 놓인 자리에 상관없이 앞면이 보이는 모든 카드는 자유롭게 사용할 수 있습니다.

덱은 한 번 사용하면 종료됩니다.

[플레이 예시]

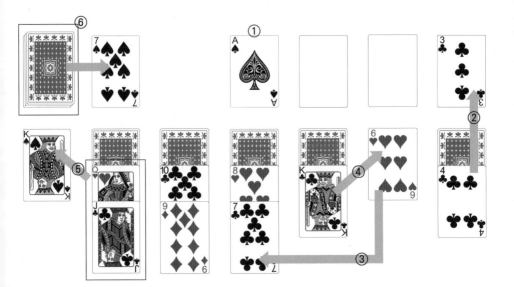

① 레이아웃에 에이스 카드가 나오면 파운데이션에 배치한다.

② 파운데이션은 같은 무늬로 오름차순으로 쌓으며, 카드가 제거됐는데 그 밑에 놓인 카드(바로 위 열 카드)가 덮힌 상태면 뒤집어서 사용할 수 있게 된다.

③ 레이아웃의 앞면이 드러난 카드들끼리는 내림차순으로, 검은색과 붉은색을 번갈아 가며 결합한다.

④ 빈칸이 생기면 다른 레이아웃의 킹 카드를 가져다 배치할 수 있다.

⑤ 킹 카드가 단독으로 있는 칸에는 퀸 아래로 내림차순으로 형성된 시퀀스 전체를 옮길 수 있다.

⑥ 레이아웃을 모두 깔고 플레이를 끝낸 후 남은 덱은 한 장씩 펼쳐서 적합한 카드를 레이아웃이나 파운데이션에 놓는 방식으로 활용할 수 있다. 사용할 곳이 없다면 새 카드를 한 장 더 펼치며 같은 방식으로 계속 진행한다.

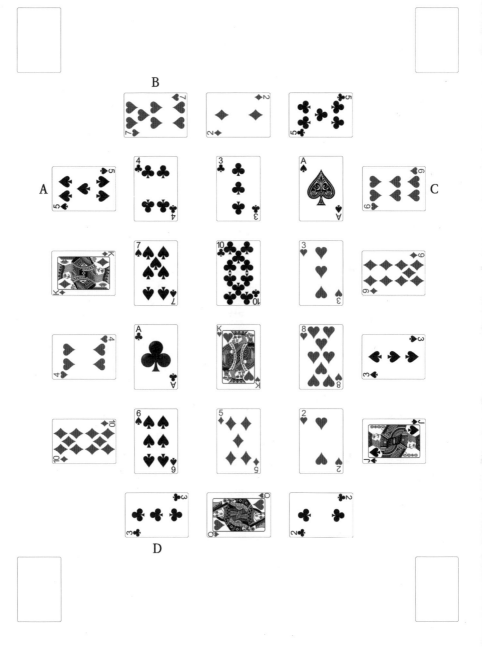

♠ 포위된 도시 *The Besieged City*

♡ 필요한 카드: 두 벌

◇ 규칙

I. 파운데이션은 성벽Ramparts과 덱의 카드로 만들어진다. 탈론의 카드는 보호 구역Reserve에 놓이고, 보호 구역 카드는 성벽을 거쳐야만 활용할 수 있다.

II. 성벽 카드는 일반적인 오름차순과 내림차순으로 교차하며 놓을 수 있기에, 2 자리에 퀸, 3 자리에 잭 등으로 놓을 수도 있으며, **그 반대의 경우로도 가능하다.** 카드들은 같은 무늬여야 히며, 오름차순과 내림차순 모두 같은 패에 포함될 수 있다.

성벽 카드는 재량에 따라 한 패에서 다른 패로 옮길 수 있으며(각 패의 맨 위 카드만 사용 가능), 이는 반드시 같은 무늬로 이뤄져야 한다.

III. 보호 구역에 있는 카드도 같은 방식으로 성벽 카드에 놓을 수 있지만, **단, 가져온 줄의 양 끝이나 측면에 있는 성벽 카드에만 놓을 수 있다.**

참고_앞 그림에서 클럽 4는 A, B, C, D에 있는 카드에만 놓을 수 있으며, 이 경우에는 D에만 놓을 수 있다.

IV. 성벽의 빈칸은 빈칸이 발생한 줄의 보호 구역 카드로 채운다.

참고_그림에서 B 또는 D에 발생한 빈칸은 클럽 4 또는 클럽 에이스, 스페이드 7 또는 6으로만 채울 수 있고, A 또는 C에 발생한 빈칸은 스페이드 에이스 또는 클럽 3이나 4로만 채울 수 있다.

V. 보호 구역의 빈칸은 탈론에서 채우거나, 탈론이 없는 경우에는 덱에서 채운다.

VI. 파운데이션도 같은 무늬로 만들어져야 한다.

♣ 플레이

카드 열두 장을 각각 세 장씩 네 줄로 나누어 놓습니다. 그런 다음 그 주위에 열네 장의 카드를 십자형으로 배열하여 **바깥**Outside Row에 둡니다. 이것이 **성벽**Ramparts입니다. 앞서 만든 그 안쪽 열두 장의 카드는 **보호 구역**Reserve입니다.

파운데이션 카드는 서로 다른 무늬의 에이스 네 장입니다. 그 위에 킹, 그 다음 2, 그 다음 퀸, 그 다음 3 순서로 놓이는 시퀀스로서, 각 파운데이션은 이렇게 번갈아 가며 오름차순과 내림차순으로 구성되며 에이스로 시작하여 마지막에 에이스를 놓음으로써 마무리합니다(규칙 VI).

카드 배치를 끝낸 후, 성벽에서 에이스나 다른 적합한 카드(딜된 카드가 있다면)를 가져와서 파운데이션 자리에 놓고, 빈칸이 생기면 **즉시 채우며**(규칙 IV와 V), 이 작업을 게임 내내 계속해야 합니다. 그런 다음, 규칙 II와 III의 지시에 따라 성벽과 보호 구역에서 카드를 옮깁니다.

원하는 플레이(선택 사항)를 모두 하고, 반복해서 플레이 할 수 있다면 하고, 덱의 나머지를 분배하고, 파운데이션에 부적합한 카드는 탈론에 놓습니다.

게임이 끝났을 때, 그리고 탈론이 다 소모되고 모든 카드가 딜되었을 때 성벽으로 옮길 수 없는 카드가 아직 보호 구역에 남아 있다면, 그 카드가 활용이 가능하다면 옮길 수 있습니다.

이 게임은 매우 어렵습니다.

[플레이 예시]

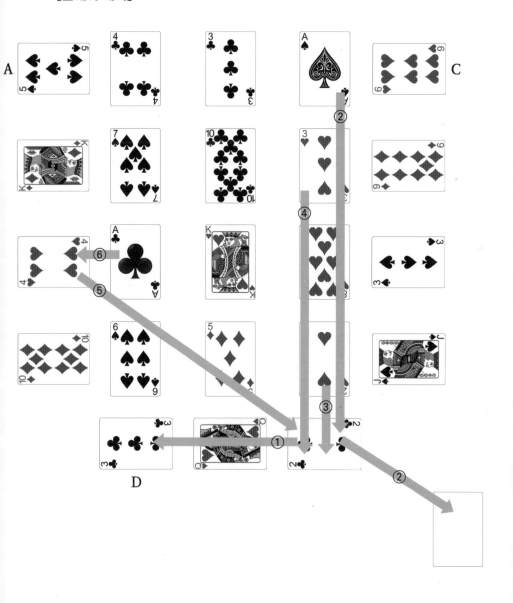

① 성벽 카드들 중 클럽 2를 클럽 3에 내림차순으로 결합한다.

② 클럽 2가 빠지면서 생긴 성벽의 빈칸을 보호 구역 카드 중 스페이드 에이스로 채우며, 스페이드 에이스가 성벽 카드가 되면 파운데이션에 놓을 수 있으므로 바로 파운데이션으로 보낸다. 스페이드 에이스가 있었던 빈 자리는 탈론으로 채우고, 탈론이 없으면 덱에서 채운다.

③ 성벽의 빈칸을 보호 구역에 있는 하트 2로 채우며 하트 2가 성벽 카드가 된다.

④ 성벽 카드가 된 하트 2에는 보호 구역 카드들 중 하트 3을 내림차순으로 결합시킬 수 있으므로 결합시키고 하트 3이 있었던 빈 자리는 탈론으로 채우며, 탈론이 없으면 덱에서 채운다.

⑤ 성벽 카드들 중 하트 4가 하트 3에 내림차순으로 결합이 가능하기에 결합을 실행한다.

⑥ 하트 4 자리에 보호 구역에 있는 클럽 에이스를 놓을 수 있으며, 이 클럽 에이스는 성벽 카드가 되면서 파운데이션으로 갈 수 있게 된다.

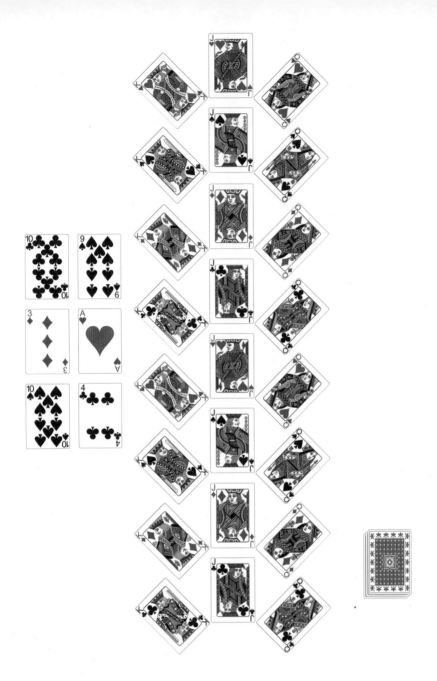

♠ 피시본 *The Fish-bone*

♡ 필요한 카드: 두 벌

◇ 규칙

I. 파운데이션은 같은 무늬로 만들어진다.

II. 킹과 퀸은 자신과 같은 무늬의 잭이 배치될 때까지는 배치될 수 없다(즉, 각 파운데이션 잭에게는 양쪽에 같은 무늬인 킹과 퀸이 있어야 한다. 그림 참조). 따라서 킹이나 퀸이 딜을 하는 중에 나타났을 때, 그것을 받을 수 있는 같은 무늬 파운데이션 잭 중 하나가 아직 배치되지 않았다면 그 카드는 탈론으로 들어가야 한다.

♣ 플레이

왼쪽에 여섯 장의 카드를 딜 합니다(그림 참조). 이것들을 **그리드아이언**Gridiron이라고 합니다. 그리드아이언 카드는 오름차순으로 결합할 수 있지만 **결합은 덱이나 탈론의 카드하고만 가능하며** 서로 결합할 수는 없습니다. 파운데이션 카드는 여덟 장의 잭이며 딜을 하다가 나오는 대로 수직선으로 놓아야 하며(그림 참조) 에이스까지 내림차순으로 내려갑니다(규칙 I).

다음으로 그리드아이언을 살펴 보고, 거기에 만약 잭이 있다면, 그것을 파운데이션에 놓으십시오. 그리고 그 외에도 파운데이션을 이을 수 있는 다른 적합한 카드가 있으면 이어서 파운데이션에 놓고, 킹과 퀸이 등장하면 규칙 II에 따라 그것들을 배치하십시오.

전체 덱을 계속해서 딜 하고, 파운데이션에 놓고, 그리드아이언에 오름차순으로 결합하고, 이로부터 모든 적합한 카드를 플레이 하여 덱이나 탈론의 카드로 빈칸을 채웁니다. 할 수 있을 때 킹과 퀸을 배치하는 것을 절대 생략하지 마십시오(규칙 II). 부적합한 카드는 탈론을 형성합니다.

게임이 성공하면, 최종 파운데이션에는 하나의 세로줄로 된 에이스들이 배치될 것이고, 그 양쪽에 같은 무늬의 킹과 퀸이 있게 됩니다.

탈론은 한 번 수거해서 리딜 하여 동일한 규칙을 준수하여 플레이 할 수 있습니다.

♠ 헌법 *The Constitution*

♡ 필요한 카드: 두 벌

◇ **규칙**

I. 파운데이션은 **추밀원Privy Council**으로부터 나온 카드들로만 만들 수 있다. 다른 분과, 덱 또는 탈론에 있는 모든 카드는 각 분과를 거쳐 **헌법 Constitution**의 맨 위인 추밀원 카드에 도달할 때까지 올린 후에야 파운데이션에 놓을 수 있다.

II. 세 개의 하위 분과의 카드는 그 위에 있는 다음 분과의 카드 위에 내림차순으로 놓을 수 있으며, 이러한 방식으로 한 분과에서 다른 분과로 맨 위에 도달할 때까지 카드를 옮길 수 있다.

III. 헌법에 내림차순 시퀀스를 놓았을 때, 각 시퀀스의 맨 위 카드가 제거되면 아래 카드가 해제되어 사용할 수 있다.

IV. 모든 시퀀스는 서로 다른 색을 번갈아 가며 내림차순 순서로 배치해야 한다(예: 검은색 10 위에 붉은색 9, 검은색 8, 붉은색 7 등). 카드를 몇 장이든 그렇게 배치할 수 있다.

V. 헌법의 빈칸은 바로 아래 칸에 있는 카드를 올려서 **채워야 하며**, 이 규칙은 모든 행에 동일하게 적용되므로 가장 아래 칸 또는 **민중People**에 빈칸이 생기면 탈론으로 채우거나 탈론이 없는 경우 덱에서 채워야 한다.

VI. 파운데이션은 같은 무늬를 따라 만들어져야 한다.

♣ **플레이**

카드 덱에서 킹, 퀸, 에이스를 모두 추출합니다. 퀸 카드 일곱 장은 옆으로 빼고 나머지 카드는 그림과 같이 놓습니다. 다이아몬드 퀸은 **군주**, 검은색 킹은 **주교**, 붉은색 킹은 **판사**를 상징합니다(이 아홉 장의 카드들은 장식적 역할만 하므로 현대에서는 처음부터 아예 빼고 에이스 카드로 된 파운데이션만을 수평으로 놓고 플레이 하기도 합니다).

여덟 장의 에이스는 파운데이션 카드로 **정부Government**를 구성하며, 오름차순으로 잭까지 올라갑니다.

그리고 수평으로 각각 여덟 장으로 이뤄진 네 줄을 맨 아래부터 배치합니다. 이것이 **헌법**을 구성합니다. 각 행은 별도의 분과를 나타냅니다.

첫 번째 행(또는 맨 아랫줄에 깔리는 카드)은 **민중**, 그 위 두 번째 행은 **하원**, 세 번째 행은 **상원**, 마지막 행은 **추밀원**입니다.

배치를 완성한 후, **추밀원** 칸에 적합한 카드가 있으면 그 카드를 플레이 하고(규칙 I), 빈칸이 생기면 즉시 그 칸을 채웁니다(규칙 V).

그런 다음 헌법을 검토하여 어떤 카드를 순서대로 가장 유리하게 배치할 수 있는지 확인해야 합니다(규칙 II와 IV).

참고_이 게임의 성공 여부는 주로 플레이에 달려 있습니다. 빈칸을 채울 때는 맨 위 추밀원에 놓일 확률이 가장 높거나 그 아랫줄에 있는 카드가 유용할 가능성이 가장 높은 카드(규칙 V)를 선택합니다. 필요한 카드가 나올 때까지 빈칸을 채우는 걸 미루는 게 더 좋은 경우가 많습니다.

사용 가능한 카드를 모두 플레이 하고 원하는 카드를 내림차순 시퀀스로 배치했으면 남은 덱, 즉 **민중** 칸에 놓을 수 없으면 탈론을 구성하게 되는 카드를 딜 합니다.

[플레이 예시]

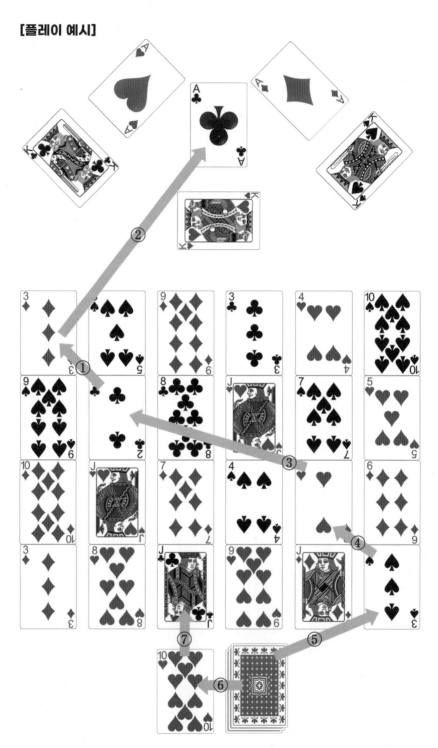

① 상원에 있는 클럽 2가 추밀원의 다이아 3이 내림차순 결합이 가능하므로 실행한다.

② 추밀원이 된 클럽 2는 파운데이션의 클럽 1 위에 놓을 수 있다.

③ 클럽 2가 빠지면서 생긴 상원의 빈칸은 바로 밑에 있는 하원의 카드로 채울 수 있으므로 하원을 검토한 후 하트 2를 올려 채운다.

④ 하트 2가 빠지면서 생긴 하원의 빈칸은 바로 밑에 있는 민중의 카드로 채울 수 있으므로 스페이드 3을 올려 채운다.

⑤ 스페이드 3이 빠지면서 생긴 민중의 빈칸은 탈론이나 덱의 카드 한 장으로 채운다.

⑥ 헌법 카드들 간의 이동이 완료되고 민중 칸이 빈칸 없이 찼을 때, 덱에서 카드 한 장을 뒤집는다. 그 카드로 민중 카드 중에 내림차순 시퀀스를 만들 수 있는 카드가 있으면 시퀀스를 만든다. 예시에서는 덱을 뒤집자 하트 10이 나왔다.

⑦ 덱에서 나온 하트 10은 민중의 클럽 잭과 결합할 수 있다. 만약 이렇게 덱을 뒤집었을 때 나온 카드가 어떤 민중 카드와도 결합할 수 없다면 그 카드로는 탈론을 형성한다.

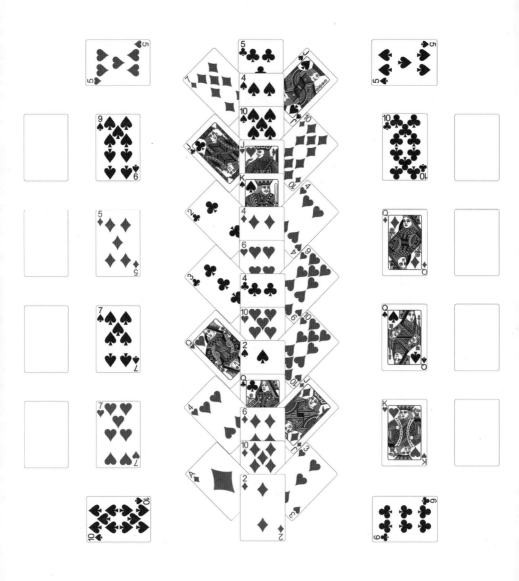

♠ 헤링본 The Herring-bone

♡ 필요한 카드: 두 벌

◇ **규칙**

I. 파운데이션은 같은 무늬로 만들어진다.

II. 헤링본의 가장 낮은 자리의 카드(또는 스물여덟 번째)를 사용할 수 있으며 그 카드를 제거함으로써 그 위의 카드(즉, 그 밑에 있던 부채꼴의 가장 위쪽 카드)가 해제되어 사용할 수 있다. 그러면 두 번째 부채꼴의 카드가 사용 가능한 카드가 되고, 다음으로 세 번째 부채꼴에 있는 단일 카드가 재생되며, 이렇게 각 카드를 제거함으로써 다음 카드를 사용할 수 있다.

III. 사이드 신과 네 장의 바에 있는 모든 카드는 활용 가능하다.

IV. 바의 빈칸은 헤링본 카드로 채워진다(규칙 II). 그러나 사이드 신의 빈칸은 덱이나 탈론으로만 채워질 수 있다.

♣ **플레이**

맨 위부터 시작해서 스물여덟 장의 카드를 딜 합니다(그림 참조). 맨 위에 세 장의 카드를 부채꼴 모양으로 배치한 후에 한 장의 카드로 부채 가운데 카드를 반으로 덮은 다음, 같은 방식으로 일곱 개의 부채꼴과 일곱 장의 단일 카드가 배치될 때까지 반복적으로 만듭니다. 이것을 **헤링본**이라고 부르며 맨 밑에 표면이 드러난 마지막 단일 카드를 사용할 수 있습니다(규칙 II).

다음으로 여덟 장의 카드를 헤링본의 양쪽에 네 장씩 딜 합니다. 이것들을 **사이드 신**Side Scene이라고 합니다. 그리고 각 사이드 신의 맨 위와 맨 아래에 가로로 한 장씩 카드를 배치합니다. 이것들을 **바**Bar라고 합니다. 이렇게 총 마흔 장의 카드를 배치한 후에, 다음으로 뽑은 카드가 파운데이션이 되어 그림에서 파운데이션에 할당된 칸들 중 하나에 놓습니다. 그리고 딜을 하면서 그와 같은 일곱 장의 카드를 나오는 대로 파운데이션에 배치합니다.

파운데이션 중 네 장은 오름차순으로 만들고 네 장은 내림차순으로 만듭니다(규칙 Ⅰ). 오름차순은 우측에, 내림차순은 좌측에 배치하는 것이 가장 좋습니다.

배치가 완성되고 첫 번째 파운데이션 카드가 나오면 배치된 카드 전체를 검토하여 헤링본, 바 또는 사이드 신에서 파운데이션에 적합한 카드를 찾거나 오름차순, 내림차순 배치에 적합한 카드들을 플레이 합니다. 항상 선호되는 방법은 헤링본 또는 바에서 카드를 선택하는 것입니다. 주로 헤링본을 제거하는 작업에 게임의 성공이 좌우됩니다. 바 카드를 제거하면 헤링본에 있는 활용 가능한 카드가 그 빈칸을 채웁니다(규칙 Ⅱ 및 Ⅲ).

플레이 하면서 모든 빈칸을 채우고 덱 전체 카드를 딜 하고, 모든 적합한 카드를 플레이하고, 부적합한 카드는 탈론을 구성하고 다시 빈칸을 채웁니다. 파운데이션을 만들 때, 한 번에 하나의 카드를 오름차순 자리 카드와 내림차순 자리 카드를 교환할 수 있으며, 그 반대의 경우도 가능합니다.

탈론은 섞어서 리딜 할 수 있으며 이는 두 번 가능합니다.

참고_헤링본에 중복 카드가 있으면 매우 불리하기 때문에 이 게임의 독일 판인 **땋기|Der Zopf**에서는 두 덱을 섞기 전에 단일 덱으로 먼저 헤링본을 만듭니다.

♠ 화원 *The Flower-garden*

(정원The Garden, 부케Bouquet)

♡ 필요한 카드: 한 벌

◇ 규칙

I. 부케Bouquet와 정원Garden의 맨 위 카드로 있는 모든 카드를 사용할 수 있다. 맨 위에 있는 카드를 제거하면 그 아래에 있는 카드가 해제된다.

II. 파운데이션은 반드시 같은 무늬로 만들어져야 한다.

III. 정원에 놓이는 시퀀스는 같은 무늬로 **만들어지지 않아도 된다.**

♣ 플레이

여섯 장의 카드를 하나로 묶은 여섯 패를 카드 모두가 보이도록 펼쳐 놓습니다. 이를 **정원**Garden이라고 합니다. 그리고 네 장의 에이스가 파운데이션 카드가 되며, 오름차순으로 킹까지 올라갑니다(규칙 II).

이제 열여섯 장의 카드가 남게 되는데, 이 카드들을 **부케**Bouquet라고 하며 손에 쥡니다. 그리고 부케와 정원에서 에이스 또는 기타 적합한 카드를 가져와서(규칙 I) 사용합니다.

그런 다음, 정원에 카드를 내림차순으로 배치하고 한 패에서 다른 패로 필요한 만큼 옮기며(규칙 I과 III), 같은 방법으로 부케 카드를 배치할 수 있습니다. 예를 들어, 다이아몬드 4(그림 참조)를 클럽 5 위에 놓은 다음, 부케에서 하트 10을 가져와 다이아몬드 잭 위에 놓습니다. 이제 클럽 9를 옮길 수 있고 다이아몬드 에이스와 2가 사용할 수 있게 됩니다.

이 인내심은 매우 어렵습니다. 부케에서 나온 카드는 다시 부케로 돌려놓을 수 없으며 한 번만 사용이 가능합니다. 따라서 카드 시퀀스를 배치하고 플레이할 때 매우 세심한 주의를 기울여야 합니다. 사용 가능한 카드를 반드시 사용해야 하는 의무는 없으며, 다른 카드를 놓을 때 더 유용할 수도 있으므로 카드를 사용하는 것보다 그냥 두는 것이 더 좋은 경우가 많습니다.

패 하나를 모두 비우면 그 빈칸에 부케나 정원의 카드로 새 패를 시작할 수 있으며(규칙 I), 이 방법은 가장 높은 단위의 카드이기 때문에 결합을 위해 옮길 수가 없는 킹 카드를 제거할 수 있는 유일한 수단으로 종종 사용됩니다.

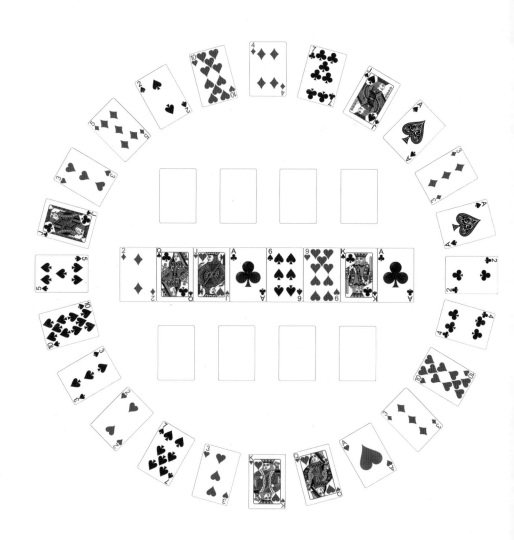

♠ 황도 12궁 *The Zodiac*

♡ 필요한 카드: 두 벌

◇ 규칙

I. 황도에서의 결합은 적도에서 온 카드로 할 수 있으며(다만 그 반대의 경우는 불가능), 탈론이나 덱의 카드로도 할 수 있다. 그러나 황도에 있는 카드들은 서로 결합할 수 없으며 적도에 있는 카드들도 서로 결합할 수 없다. 결합은 오름차순과 내림차순으로 이루어질 수 있으며, 같은 패에 두 방식이 다 포함되는 것도 가능하다.

II. 파운데이션은 빈드시 같은 무늬로 만들어져야 한디.

♣ 플레이

적도赤道라고 불릴 여덟 장의 카드를 가로로 일렬로 놓습니다. 그런 다음 **황도黃道**라고 불리는 스물네 장의 카드를 그 주변으로 원형으로 둡니다.

파운데이션은 **카드의 배치가 끝날 때까지** 구축되지 않습니다. 파운데이션 카드들은 서로 다른 무늬의 에이스 네 장과 킹 네 장으로 시작되며, 에이스는 오름차순으로 킹까지 올라가고 킹은 내림차순으로 에이스까지 내려가야 합니다.

배치를 끝낸 후 결합을 진행하고(규칙 I), 빈칸이 발생하면 탈론으로 채우거나 탈론이 없는 경우 덱에서 채웁니다. 하지만 유리한 기회가 오기 전까지는 두 가지 모두 반드시 해야 할 의무는 없습니다. 빈칸이 발생하면 그 자리에 덱의 카드를 딜 하되, 적도가 꽉 차서 딜을 해도 둘 데가 없는 카드는 탈론을 형성합니다. 필요한 만큼 빈번하게, 즉 모든 카드가 황도나 적도에 배치될 때까지 카드를 딜 해야 합니다. 이 작업을 수행할 수 없다면 이미 실패한 것입니다. 모든 카드를 배치하는 데 성공하면 황도 및 적도에서 여덟 개의 파운데이션을 구축하기 시작합니다(규칙 II).

황도에서 카드를 결합할 때 가장 주의가 필요하며, 그렇게 하지 않으면 파운데이션을 만들 수 없을 정도로 카드들을 차단하게 될 것입니다.

[플레이 예시: 배치]

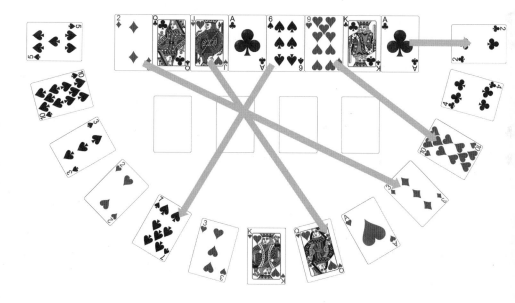

적도에 있는 카드들을 황도에 있는 카드와 결합시킨다. 결합은 내림차순과 오름차순의 두 가지 형태로 이뤄지며, 한 패에 내림차순과 오름차순이 함께 있어도 된다. 빈칸은 덱이나 탈론에서 채운다. 적도에서 황도로 나갈 카드가 없고 적도 자리는 꽉 차 있는 상태에서도 덱으로 딜을 하는데, 이때 나오는 덱의 카드는 쓸 자리가 없으므로 탈론을 형성된다.

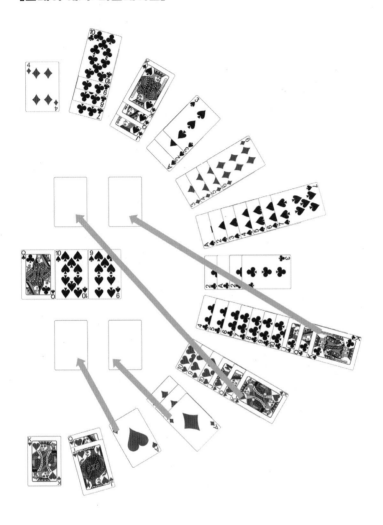

덱의 카드가 적도와 황도에 모두 배치되면 그때부터 파운데이션을 만들기 시작한다. 파운데이션은 킹 네 장과 에이스 네 장으로 시작되며 킹 파운데이션은 같은 무늬의 내림차순으로 에이스까지, 에이스 파운데이션은 같은 무늬의 오름차순으로 킹까지 쌓아야 성공이다.

게임 제목에 관하여

네스토르Nestor/25쪽

호메로스의 『일리아드』의 주요 무대인 트로이전쟁에서 그리스의 트로이 원정군으로 참전하여 활약한 명장. 당시 나이가 100세를 넘은 것으로 설정되어 있으며 고령에도 불구하고 현명한 조언자로서 활동하여 이후 현인을 가리키는 대명사가 되었다.

라 니베르네즈La Nivernaise/33쪽

굽거나 튀긴 고기에 당근, 양파 등을 곁들인 프랑스 요리.

살리카법Salic Law/63쪽

클로도베쿠스 1세Chlodovechus I(466~511) 말년에 만들어져 게르만족의 관습법을 성문화한 프랑크 왕국의 법전. 여성의 상속과 왕위 계승을 인정하지 않는 제도를 정립시킨 법으로 유명하다.

샤Shah/66쪽

페르시아의 왕을 가리키는 말.

세인트헬레나의 나폴레옹Napoleon at St. Helena/73쪽

세인트헬레나는 나폴레옹 1세Napoleon I(1769~1821)가 백일천하 이후 마지막으로 유배된 아프리카 대륙 서쪽 남대서양에 위치한 영국 섬으로 그가 6년간 살다가 사망한 곳이기도 하다. 나폴레옹 1세가 세인트 헬레나에서 시간을 죽이기 위해 플레잉카드로 솔리테어 게임을 했다는 것은 솔리테어 게임계의 유명한 전설(?)이기도 하다.

존 세지윅John Sedgwick(1813~1864)/76쪽

미국의 남북전쟁 당시 북부군 장군으로 명망이 높았다. 스팟실비니아 코트 하우스 전투에서 남부군의 사수가 쏜 총에 맞아 사망했다.

술탄Sultan/80쪽

이슬람 세계에서 세습 군주제로 통치하는 국가 또는 지역의 군주를 이르는 말.

에드먼드 스펜서Edmund Spenser(1552~1599)/90쪽

영국 여왕 엘리자베스 1세Elizabeth I(1533~1603) 시대의 시인으로 같은 시기에 활약한 셰익스피어와 함께 시대를 대표하는 유명한 문인. 『요정 여왕』은 그의 대표작인 대서사시로 엘리자베스 1세에게 바쳐졌으며 기사들의 편력 활동과 엘리자베스 1세의 튜더 왕조의 역사를 환상 문학적으로 조합하여 후대에 큰 영향을 끼쳤다.

올림푸스산Mount Olympus/104쪽

그리스에서 가장 높은 산으로 높이가 2,917미터에 달하며 그리스신화의 주요 무대다.

인내왕 루이The "Louis" Patience/114쪽

1852년에 나폴레옹 3세로서 황제로 즉위한 샤를-루이 나폴레옹 보나파르트Charles-Louis-Napoléon Bonaparte(1808~1873)로 추정. 나폴레옹 1세의 조카이며 나폴레옹 1세의 몰락 이후 망명하여 유럽 각지를 돌아다니면서 프랑스에서의 쿠데타 등 정치적 시도를 했으나 실패했다. 그러나 귀국하여 마침내 대통령에 집권한 후, 이어서 친위 쿠데타를 일으켜 황제가 됐다.

인도의 황후Empress of India/117쪽

인도 군주는 영국 군주가 인도를 지배하면서 갖게 된 호칭으로 인도의 황후는 빅토리아 여왕Queen Alexandrina Victoria(1819~1901)을 가리킨다.

적과 흑Le Rouge et le Noir/122쪽

프랑스 작가 스탕달Stendhal(1783~1842)의 대표작. 나폴레옹 1세가 몰락한 직후인 프랑스 왕정복고 시기를 배경으로 하며 나폴레옹 1세를 남몰래 추종하는 주인공 줄리앙 소렐이 출세를 위해 군대에 입대하고 싶어 한다는 설정이 게임에 반영된 듯하다.

카이사르Gaius Julius Caesar(BC 100~BC 44)/136쪽

로마 공화정 말기의 정치가. 폼페이우스, 크라수스와 함께 3두 동맹을 맺고 로마를 지배했다. 이후 갈리아전쟁을 수행하면서 얻은 대중적 인기를 바탕으로 3두 동맹을 해체시키고 1인자 자리에 올랐다. 그러나 공화정을 지키려고 한 부하 브르투스의 습격을 받고 사망했다.

클론다이크Klondike/141쪽

캐나다 북서부 유콘주에 있는 지역과 그 지역에 있는 강 이름으로 1896년에 사금이 발견되어 수년간 골드 러시가 이어졌던 곳으로 유명하다.

헤링본Herring-bone/158쪽

청어의 뼈를 일컫는 말로 청어 뼈와 닮은 무늬를 칭하는 의미로도 쓰인다.

황도12궁Zodiac/165쪽

천구 상에서 태양이 지나는 길인 황도를 중심으로 남북으로 8도 내지 9도의 폭을 갖는 띠를 일컫는 황도대를, 춘분점을 시작으로 30도 간격으로 12등분 한 영역을 가리키며 각 영역에 대응하는 별자리들이 있다.

옮긴이의 말

안녕하세요.

처음 이 책을 번역해야겠다고 결심한 것은 코로나 팬데믹 때문이었습니다. 지금처럼 그때도 반 백수로 살던 저는 집에 틀어 박혀 지내다가 구석에 굴러다니던 플레잉카드를 보고 혹시 저걸로 혼자 즐길 수 있는 게임이 있지 않을까 궁금해졌습니다. 그래서 찾아 보니 당연한 얘기겠지만, 서양에서는 이미 상당히 많은 솔리테어 게임이 개발이 되어 있었더군요. 그리고 그 게임들을 정리하여 솔리테어 게임을 정립하는 데 혁혁한 역할을 한 책 또한 발견할 수 있었습니다. 그것이 바로 영국 작가 레이디 애들레이드 카도간이 쓴 『Lady Cadogan's Illustrated Games of Solitaire or Patience』였습니다. 바로 이 책이죠.

편집자가 보낸 자료들을 보니 우리나라에도 플레잉카드 게임 가이드 책들이 30~40년 전쯤에 여러 권 나왔었더군요. 그러나 솔리테어 게임만을 다룬 책은 없고 대부분 2인, 4인용 게임 등에 1인용 게임들이 포함된 책들이었습니다. 그래서 지금 같은 고독한 사람들의 시대에 오로지 솔리테어만 다루는 원조 맛집 격인 솔리테어 가이드를 출간하는 것은 출판사적으로도 의미가 있는 일이라고 거창하게 주장하며 이 기획을 밀어붙였습니다.

이 책의 목차는 가나다순으로 새롭게 정리했습니다만, 아무 게임이나 관심이 가는 게임부터 보면 됩니다. 읽는 순서 또한 자유롭게 읽으면 되는데, 옮긴이로서는 교정을 하면서 우선 ♣ 플레이를 읽으면서 그 내용에서 지시하는 대로 ◇ 규칙을 읽고, 보충적으로 [플레이 예시]를 읽는 게 가장 이해가 빨랐으므로 이 방법을 독자들에게 추천해 봅니다.

2024년 1월 10일에 발표된 행정안전부 통계에 따르면 2023년 12월 기준으로 우리나라에서의 1인 세대 숫자가 993만5600세대라고 합니다. 이제 1인 세대는 전체 세대의 41.5%를 차지하는 가장 많은 종류의 세대가 됐습니다. 그러한 세태를 증명하듯 TV를 틀면 가족, 혹은 유사 가족의 삶이나 연애극을 관찰하는 예능이 가득합니다. 이러한 문화적 현상이 현실에 희박한 것에 대한 대리 체험으로서의 소비라는 분석은 통계학적으로 인구 절벽 경고가 나왔을 때부터 본 듯합니다. 고독, 또는 그와 유사한 감성은 우리네 삶에서 이제 그리 드문 현상이 아니게 됐습니다.
여기서 어쩌다 우리가 이렇게 고독한 사람들이 되어 가고 있는지에 대해 깊이 논하는 일은 큰 의미가 없다고 봅니다. 대부분의 대답은 이미 많은 기사들에서 나와 있고 지금도 이 주제에 대한 수많은 걱정과 경고가 유튜브 수익 구조를 충족시키며 만들어지고 있으니까요.

돌이켜 보면 팬데믹은 이 책을 만들게 한 계기가 된 동시에 인류 대다수에게 강제로 고독한 삶이 무엇인지 체감하게 만든 재앙이었습니다. 하지만 팬데믹은 그 전부터 인터넷과 비대면 생활에 익숙한 고독한 사람들에게는 완전히 새로운 무언가는 아니었습니다. 그래서 팬데믹적인 생활이란 전에 없던 새로운 시대의 개막이라기보다는 과거부터 있었던, 어쩌면 100년 전쯤에 이미 체현됐던 페르난두 페소아적인 고독한 삶에 대한 조건들을 더 강화하고 저변화시킨 역할이었다고 보여집니다. 팬데믹 이전에도 사람을 거의 만나지 않으며 살았던 저 또한 그 기간 동안 삶이 극적으로 변화했다는 생각은 들지 않았습니다. 이 책의 번역 또한 팬데믹 기간에 제게 익숙한 작업 방식인 비대면 온라인으로 완료되었습니다. 물론 극도로 불쾌한 인후염 증상을 3일간 겪은 건 제외해야겠지만요.

그런데 개인적으로 익숙한 것과는 별개로 팬데믹으로 가속 페달을 밝은 단절적인 사회 구조와 정서가 이기적 개인주의를 확산시키고 공동체 개념을 무너뜨려 더 가혹한 세상을 만든다는 지적을 무조건 부정하기란 어려워 보입니다. 지나친 공동체 개념은 그것대로의 문제가 있지만, 그에 역행하는 제도적 변화로서 정규직 비중 감소와 비정규직 활용의 확산이 이뤄지면서 저 같은 프리랜서 또한 긍정적 영향만큼 부정적 영향도 체감하고 있는 중입니다. 정규직은 점점 멀어지고 간헐적인 비정규직으로 살아야 하는 사람들이 늘어나고, 부동산과 물가 등 기초 생활 비용이 올라가는 상황에서 청년 세대는 과거보다 더 큰 계급적 격차에 직면하고 있으니까요.

그래서 이 책에 수록된 게임들이 '국가', '헌법', '적과 흑' 등 당대의 사회와 정치, 문화 등을 구현하는 경향성을 보이고 있다는 사실에 주목하고자 합니다. 여성의 상속과 승계를 부정하는 역할을 했던 '살리카법'과 영국의 전성기를 연 여왕 엘리자베스 1세에게 바쳐진 서사시를 소재로 하여 만든 '에드먼스 스펜서의 『요정 여왕』'은 거의 비슷한 방식으로 이뤄지는 게임입니다. 그런데 엘리자베스 1세 자체가 살리카법에 대한 반론이 되는 게 확실한 이상, 이 설정에 아무 의미가 없을 리는 없겠죠.

물론 이 책은 논쟁보다는 위안을 위해 만들어진 즐거운 카드 게임 가이드입니다. 책의 작업자로서 독자가 솔리테어 게임의 즐거움을 충실하게 누리길 바랍니다.

　마지막으로 이 책의 문화적 풍요로움을 더하기에 적절한, 밤에 작업하면서 즐겨 들었던 앨범을 소개하겠습니다. 팬데믹의 한복판이던 2021년 10월에 나온 정밀아의 3집 앨범 「청파소나타」입니다. 우리 시대의 도시 풍경을 정밀아 특유의 가만한 목소리로 그리고 있는 좋은 포크 앨범이죠. 다음 QR코드로 연결되는 포크라노스 유튜브 채널에서 앨범 전곡을 제공하고 있으니 시간이 되면 들어 보시길 추천합니다.

레이디 애들레이드 카도간
『Lady Cadogan's Illustrated Games of Solitaire』(1914)

『솔리테어』 후원자들

솔리테어
고독한 당신을 위한 플레잉카드 게임 가이드

초판 1쇄 발행 │ 2024년 2월 14일

지은이 │ 레이디 애들레이드 카도간
옮긴이 │ 이원희
펴낸이·책임편집 │ 유정훈
디자인 │ 우미숙
인쇄·제본 │ 두성P&L

펴낸곳 │ 필요한책
전자우편 │ feelbook0@gmail.com
트위터 │ twitter.com/feelbook0
페이스북 │ facebook.com/feelbook0
블로그 │ blog.naver.com/feelbook0
포스트 │ post.naver.com/feelbook0
팩스 │ 0303-3445-7545

ISBN │ 979-11-90406-20-8(03690)